# Räuber, Mörder, Kindsverderber

Räuber, Mörder, Kindsverderber

gehen nur zu Doktor Sperber.

*Friedrich Torberg*

Die Tante Jolesch

Reinhard Pohanka

# Räuber · Mörder Kindsverderber...

Eine Kriminalgeschichte Wiens

J&V

ISBN 3-224-17654-7 Jugend und Volk, Wien

Umschlaggestaltung: Bruno Wegscheider


Satz: Sapperlot, Wien
Druck: Ueberreuter
Bindung: Frauenberger

# „In diesem Haus in finstrer Nacht ...“ Wien und seine Mörder

Dies ist ein Buch vom gewaltsamen Tod. In diesem Buch sterben eine ganze Anzahl Menschen. Sie werden erschlagen, erstochen, erschossen, erwürgt, ertränkt, lebendig begraben, verbrannt, gerädert, geköpft, erhängt, gevierteilt, zu Tode gefoltert, mit glühenden Zangen gezwickt, ihnen werden Hautstreifen aus dem Rücken gerissen, die Zunge abgeschnitten oder Hände und Finger abgehauen. Und doch ist dies beileibe kein billiger Horrorroman, keine erfundene, bloß blutrünstige Geschichte, die man abends liest, wenn es finster ist und einem die Gänsehaut wohlig über den Rücken kriecht.

Es sind wahre Geschichten, Begebnisse und Grausamkeiten, die sich hier in Wien, jener Stadt, der sonst nur die Idylle nachgerühmt wird, zugetragen haben. Zum einen berichtet es die Geschichte der Mörder, der Räuber und der Kinderschänder und ihrer verwerflichen Taten, zum anderen erzählt es aber auch die Geschichte der blutigen Rache, welche die Gesellschaft an denen nahm, die sich ihren Gesetzen und dem göttlichen Gebot „Du sollst nicht töten“ nicht fügten.

Ich habe hier Fälle herausgegriffen, die mir als typisch für diese Stadt und ihre Bewohner erschienen sind, eine kleine Auswahl nur, nicht mehr als ein Streiflicht durch die Abgründe des Verbrechens. Mordtaten und andere Verbrechen hat es viel mehr gegeben, selbst in der angeblich so „guten alten Zeit“. Nimmt man etwa nur die Tatsache, daß in den neun Jahren zwischen 1470 und 1479 in Wien 44 Personen gehängt, zehn geköpft, fünf gerädert, drei verbrannt und elf ertränkt wurden, so läßt uns dies erkennen, daß Kriminalität kein Ausdruck allein unserer modernen Zeit sein kann.

Aber auch der Staat und die Stadt Wien haben im Laufe der Jahrhunderte zweifellos Schuld auf sich geladen; eine ganze Anzahl von Menschen ist von der Obrigkeit gemordet worden, nur weil sie andere politische oder religiöse Anschauungen hatten als die Mehrheit der Bürger – doch: Wien, eine Stadt des Mordes und des Todes? Das wird man wohl verneinen können, trotz einer stattlichen Chronik von Kriminalfällen, bei der einem schon manchmal das Gruseln überkommt, wenn man etwa von der Spezialität der Wiener Mörder, dem Zerstückeln von Leichen, liest oder von besitzgierigen Frauen, die still und leise ihre Familie mit einer Tube Rattengift auszurotten versuchten.

Auch die Beweggründe der Wiener Mörder verdienen es untersucht zu werden. In den seltensten Fällen stehen Liebe und Eifersucht, Ruhm oder Ehre im Vordergrund, der Wiener Mörder ist im allgemeinen vielmehr hinter dem Geld seines Nächsten her, und selbst wenn er seinen Nebenbuhler bei einer schönen Frau umbringt, vergißt er nicht, diesen dabei auch noch auszurauben. Durchaus bemerkenswert ist auch die Tüchtigkeit der Wiener Polizei und ihrer Vorgänger durch alle Jahrhunderte. Mit den primitiven Hilfsmitteln der Vergangenheit hat man hier erstaunliche Erfolge erzielt, und ein Polizeirat Breitenfeld, ein Staatsanwalt Lamezan hatten durchaus detektivische Qualitäten, die man auch heutigen Helden von Kriminalromanen zuweisen würde.

Die Wiener Justiz neigte nun wiederum zum sprichwörtlichen „kurzen Prozeß“. Hatte man einen Übeltäter einmal in Gewahrsam, so dauerte es oft nur wenige Wochen bis zur Verhandlung und zum Urteil und dann nur wenige Tage bis zur Hinrichtung, die oft genug zu einem Volksspektakel allerersten Ranges wurde, an dem sich das Publikum mit allerlei begleitenden Lustbarkeiten beteiligte. Es hatte auch allen Grund, dabei fröhlich zu sein, denn oft konnte ein Mörder in jener Zeit nur mit Hilfe einer engagierten Bevölkerung erkannt und gefaßt werden, die Abgebrühtheit und Teilnahmslosigkeit unserer Tage war dem Wiener bis vor wenigen Jahrzehnten unbekannt.

Der Zeitraum, den dieses Buch umfaßt, reicht vom Jahre 1195, aus dem uns der erste Mord in Wien überliefert ist, bis zum Jahre 1938. Ich habe absichtlich keine zeitlich späteren Fälle in dieses Buch aufgenommen. Der Massenmord des Zweiten Weltkrieges mit seiner unvergleichlichen Brutalität, die weit über das hinausgegangen ist, was jedem noch so grausamen Wiener Mörder eingefallen wäre, hat nach 1945 zu einer wahren Inflation an Bluttaten geführt. Waren davor Morde in Wien Geschehnisse, über die man wochenlang entsetzt am Gang bei der Bassena ausführlich diskutiert hat, so ist der Mord heute eine Alltäglichkeit auf den Zeitungsseiten geworden, und nur wirklich außergewöhnliche Fälle nehmen wir aus der Flut der Bluttaten, von denen wir täglich hören oder lesen, noch wahr.

Der Leser wird auf den folgenden Seiten auch eine ganze Reihe von Attentaten auf Kaiser oder Politiker verzeichnet finden, denn auch der politische Mord ist ein Phänomen der Kriminalgeschichte, das Wien nicht verschont hat. Der Unterschied zur heutigen Zeit besteht darin, daß der politische Attentäter vergangener Zeit selbst sein Leben wagen mußte und es oft genug auch verlor, wenn er seinem Opfer persönlich gegenübertrat und Politik mit der Waffe machen wollte. Heute wird weltweit gemordet, und der Täter, der sein Opfer in vielen Fällen nicht kennt, mordet meist gefahrlos über Tausende von Kilometern hinweg.

Sicherlich ist es auch angebracht, über die Sinnhaftigkeit bzw. Legitimität eines Schreibens nachzudenken, das seinen Stoff aus dem schrecklichen Fundus des Leides gewinnt: Immerhin sind alle Fälle, die hier beschrieben werden, wirklich passiert, und jede Zeile in diesem Buch ist mit dem Blut eines Unglücklichen, sei er nun Opfer oder Täter gewesen, geschrieben worden. Eine Geschichte der Kriminalität einer bestimmten Gesellschaft ist jedoch nun sehr wohl auch Teil einer allgemeinen Geschichte dieser Gesellschaft und als solcher nicht von ihr wegzudenken. Die Kriminalgeschichte vermag uns sogar Außerordentliches zu zeigen: jene Brüche und Risse im Sozialgefüge nämlich, die man sonst nur allzu gerne verdrängt oder einfach vergißt, die den Menschen in seiner existentiellen Bedrängtheit vorführen, aber auch jene Lücken und Freiräume, die das Verbrechen geradezu anlocken. Im großen Rahmen gesehen, ist die Kriminalgeschichte Wiens also ein Teil der Sozialgeschichte dieser Stadt, aber doch noch mehr: Man kann sie auch lesen als Memento mori, als lehrreiche Studie über die negativen Möglichkeiten menschlichen Seins. Und so mag sie auch zur Selbsterkenntnis beitragen, denn das Potential zum „Verbrecher“ steckt sicherlich in jedem von uns, wenn auch Erziehung, Konvention und Moral, das Gewissen oder unser Über-Ich seine Entfaltung glücklicherweise verhindern.

Der Titel dieses Buches, „Räuber, Mörder, Kindsverderber“, stammt von Friedrich Torberg, der ihn als Ausspruch eines der bekanntesten Wiener Rechtsanwälte der Zwischenkriegszeit überliefert, von Hugo Sperber, der 1938 selbst zum Opfer wurde und sein Leben durch die Nazis einbüßte. Als Opfer hat er wie all die hier Beschriebenen und die vielen Namenlosen, die einer meuchlerischen Hand zum Opfer gefallen sind, eine Geschichte, wie auch die Täter ihre Geschichte haben. Und lebendige Geschichte soll dieses Buch sein, nicht nachträglich noch einmal Gericht über Opfer oder Täter.

# Die Gerichts- und Hinrichtungsstätten der Stadt Wien

Spitzbuben, Mörder und Verbrecher hat es in Wien seit jeher gegeben. Und genauso lange beschäftigt sich die Gesellschaft der Stadt, ihr Magistrat und die Bürger, mit der Frage, wie mit diesen Personen zu verfahren sei. Als Antwort darauf schuf sie eine Menge von kommunalen Einrichtungen wie etwa Gerichtsgebäude, Gefängnisse und zu guter Letzt, solange die Todesstrafe in Österreich noch existierte, auch Hinrichtungsstätten.

## Hoher Markt

Hatten die Behörden einen Verbrecher in ihrer Gewalt, so begann sich ein eingespieltes Räderwerk zu drehen, aus dessen Fängen es für den Delinquenten – zumeist jedenfalls – kaum ein Entkommen gab.

In ältester Zeit befand sich das Gerichtsgebäude der Stadt Wien in der sogenannten „Schranne" am Hohen Markt, jedenfalls ist es hier seit dem Jahre 1325 urkundlich nachweisbar. Wie dieses erste Gerichtsgebäude ausgesehen hat, wissen wir nicht genau, denn bereits im Jahre 1437 brannte es ab und wurde 1438 und 1439 durch einen großzügigen gotischen Neubau am Eckgrundstück Hoher Markt Nr. 5 ersetzt. Dieses dreigeschossige Gebäude mit einem hohen gotischen Spitzgiebel beinhaltete im ersten Stock die Räume der Richter und den Gerichtssaal, im Erdgeschoß ein „Fürhaus zu den Gefängnissen, ein kleineres Weibergefängnis, das Schrannenholzgewölbe, die Stube der Gerichtsdiener, die Kuchel der Gerichtsdiener, das Wassergewölb' und die Löwengrube", das berüchtigte Schuldnergefängnis der Stadt. Vor dem ersten Stock befand sich ein breiter Balkon, zu dem eine Freitreppe hinaufführte. Dieser Balkon besaß mehrere Funktionen: Hier wurden die Gerichtsurteile öffentlich verkündet und der Delinquent sodann „ausgestellt", das heißt mehrere Stunden lang der gaffenden Volksmenge preisgegeben. Manchmal sperrte man den Verurteilten auch in das sogenannte „Narrenköterl", einen eisernen Käfig am Hohen Markt, ehe es ins Gefängnis oder zum Hinrichtungsplatz ging.

War ein Todesurteil ausgesprochen worden, so steckte man „zum Zeichen daß eine peinliche Execution soll gehalten werden, allhier eine rote Fahne" an das Schrannengebäude. In späterer Zeit konnte der zum Tode Verurteilte auch die Stunden, die ihm noch blieben, an einer Uhr ablesen, die am Schrannengebäude angebracht war und die, wie man anläßlich ihrer Demontage im Jahre 1855 feststellte, die Aufschrift „Diese Uhr schlägt keinem Glücklichen" trug.

Der Hohe Markt war überhaupt dem Gerichtswesen verbunden, stand doch hier einst auch der Pranger der Stadt, die Schandsäule, an der man meist geringere Vergehen bestrafte. Die Verurteilten wurden hier angebunden und der Schaulust preisgegeben, meistens machten sich die Passanten über sie lustig oder – der Hohe Markt war ja auch Handelsplatz – bewarfen sie mit Abfällen. So mancher „Streithansel" oder notorische Raufer mag hier im wahrsten Sinne des Wortes „seine Sünden abgebüßt" haben.

Auch Hinrichtungen fanden hier am Platz vor dem Pranger statt, und zwar war der Hohe Markt der bevorzugte Platz für Enthauptungen, eine Hinrichtungsart, die wegen ihrer Schnelligkeit als besondere Gnade galt und zumeist Personen „von Stand" vorbehalten war. Außerdem wurde sie bei Delikten wie Totschlag, Kindesmord und Blutschande angewendet. Der Henker hatte es dabei nicht immer leicht. Der Delinquent mußte auf einer erhöhten Bühne vor ihm niederknien, dann wurden diesem die Hände am Rücken gefesselt, und mit verbundenen Augen und weit vornübergebeugt erwartete er den tödlichen Streich.

Im Jahre 1501 führte sich der „Freimann", wie man den Henker auch nannte, bei einer Hinrichtung so stümperhaft auf, daß ihn die erboste Menge lynchte. Aber man versuchte auch manchmal den Henker zu bestechen, so daß er den Streich abgleiten ließ, das sogenannte „Putzen", denn nach dem unausgesprochenen Recht der

Stadt durfte ein einmal Gerichteter, auch wenn er die Hinrichtung überlebte, nicht nochmals hingerichtet werden.

So bestachen am 10. Dezember 1485 die Freunde des wegen Hochverrates zum Tode verurteilten Geheimschreibers des Königs Matthias Corvinus, Jaroslaw von Cernahor und Boskowitz, den Henker, der daraufhin den Schlag auf die Schulter des Delinquenten abgleiten ließ. Die Wiener, die auf Matthias Corvinus sowieso nicht allzu gut zu sprechen waren, entrissen dem Henker das Opfer und brachten es zum Arzt in ein nahegelegenes Haus; die Verletzungen waren aber dennoch so schwer, daß Jaroslaw nach wenigen Stunden verblutete.

## Altes Rathaus

Auch die Bürgerstube des Alten Rathauses in der Wipplingerstraße hat so manche Hinrichtung gesehen, wie zum Beispiel am 26. Mai 1635 die des schwedischen Feldmarschalls Philipp Kratz von Scharffenstein. Dieser war einst in kaiserlichen Diensten gestanden, dann aber zu den Schweden übergelaufen und hatte es hier bis zum Feldmarschall gebracht. Als Hochverräter fand er keine Gnade, genausowenig wie der ungarische Graf Nádasdy, der ungarische „Krösus".

Er war gemeinsam mit den ungarischen Grafen Frangepány und Zrinyi einer der Hauptrádelsführer der Magnatenverschwörung von 1671 gewesen, die Ungarn von Österreich trennen und zu einem Wahlkönigreich wie Polen machen wollte, das unter dem Schutz der Türkei und Frankreichs stehen sollte. Die Verschwörung wurde verraten, angeblich von dem Liebhaber der Ehefrau des Grafen, und Nádasdy wurde zum Tode verurteilt, der Spruch lautete auf „Verlust der rechten Hand und des Kopfes", aber aus „übergroßer Gnad" begnadigte Leopold I. ihn nur zum Verlust des Kopfes. Zrinyi und Frangepány fanden ein ähnliches Ende in Wiener Neustadt.

Diese sogenannten „intramuranen" Hinrichtungen im geschlossenen Raum fanden fast ausschließlich bei adeligen Personen Anwendung. Der zum Tode Verurteilte setzte sich rittlings auf einen mit einem purpurnen Tuch bedeckten Stuhl, legte den Hals auf die Lehne und erwartete den Schwertstreich.

## Das Malefiz-Spitzbubenhaus

Ursprünglich brachte man Schwerverbrecher in den Kellergeschossen der Wiener Stadttürme unter. Nicht immer mit Erfolg, denn im Jahre 1463 gelang es gefangenen Söldnern des Herren von Grafeneck aus dem Kärntnerturm zu entkommen, und als die Wächter die Bescherung sahen, flohen sie gleich mit, um der Strafe für ihre Unachtsamkeit zu entgehen.

1722 wurde auf Befehl Kaiser Karls VI. in der Rauhensteingasse das sogenannte „Malefiz-Spitzbubenhaus" errichtet, das bis zum Jahre 1776 auch der Folter der Angeklagten gedient hat, ehe diese noch unter Maria Theresia aufgehoben wurde. Das düstere zweistöckige Haus mit seinen eisenbeschlagenen Türen und vergitterten Fenstern wurde 1785 abgebrochen, die Kreuzigungsgruppe an der Fassade, die die Spitzbuben an die höhere Gerechtigkeit erinnern sollte, steht heute an der Mariahilfer Kirche.

## Das Wiener Landesgericht

Wer kennt in Wien nicht die Bezeichnung „Graues Haus" für jenes langgestreckte Justizgebäude, welches die Ganoven als das „Einser-Landl" im Gegensatz zu seiner Expositur im aufgelassenen Garnisonsspital am Hernalser Gürtel („Zweier-Landl") bezeichnen.

Am Beginn des 19. Jahrhunderts war es den Wiener Justizbehörden klar geworden, daß das alte Stadtgericht am Hohen Markt zu klein für die nun rasant wachsende Stadt werden mußte, und man beschloß, auf dem Gelände des aufgelassenen St. Stephans-Freithofes, der am Josephstädter Glacis am Rande des Paradeplatzes lag, ein neues, modernes und vor allem großes Gerichts- und Gefängnisgebäude zu erbauen. 1832 begann man mit dem Bau, der auf seinen über 20.000 $m^2$ selbst eine kleine Stadt darstellt. Er umfaßt neben einem Spital und einer eigenen Gefängniskirche mit einem alten Armensünderkreuz auch Werkstätten, Küchen und eine Wäscherei und neben den Gerichtssälen auch drei Trakte mit Gefängnissen. Nach der Einführung der Geschworenengerichte 1871 kam noch der große, zweistöckige und mit Emporen versehene Schwurgerichtssaal dazu.

Erst ab dem Jahre 1876 fanden hier, in einem kleinen abgeschiedenen Hof, auch Hinrichtungen statt, nachdem die öffentlichen Hinrichtungen immer mehr zu zweifelhaften Volksspektakeln verkommen waren. Enrico von Francesconi, der Briefträgermörder vom Aziendahof (siehe S. 76), war der erste, der am 17. Dezember 1876 hier sein Leben am Würgegalgen aushauchte.

## Die Polizeigefangenenhäuser

Nach der Auflösung des städtischen Gefangenenhauses in der Rauhensteingasse im Jahre 1783 mußten die Gefangenen umziehen. Das erste Wiener Polizeigefangenenhaus befand sich im unter Josef II. säkularisierten Kloster der Karmeliterinnen zum Heiligen Josef in der Sterngasse. Man hatte das Haus zwar entsprechend adaptiert, aber so richtig zufrieden war niemand damit. Die Unterbringungsmöglichkeiten waren äußerst mangelhaft, und auch die hygienischen Verhältnisse ließen zu wünschen übrig.

Dennoch hielt sich dieses Provisorium genau 99 Jahre, erst im Jahre 1882 konnten die Gefangenen besser untergebracht werden, und zwar im ehemaligen fürsterzbischöflichen Knabenseminar in der Theobaldgasse. Auch dieses Gebäude war als ein Provisorium gedacht, dennoch dauerte es bis zum Jahre 1904, ehe die Polizei für ihre Gefangenen ihre endgültige Heimstätte in der „Liesl", dem „k. k. Polizeigefangenenhaus für Wien" an der Elisabethpromenade, der heutigen Roßauer Lände, fand. Im Jahre 1904 konnte es bezogen werden und erfüllt seinen Zweck bis heute.

## Die Hinrichtungsstätten

„S'hänga is besser wias renna", pflegte man in alter Zeit zu sagen, wenn gerade wieder ein solches Spektakel vorbei war. Und ein gruseliges Schauspiel war es allemal, das Vollstrecken einer Hinrichtung im alten Wien. Dabei mußte man sich ganz genau informieren, wo man sich rechtzeitig hinstellen sollte, denn der Stadt standen durch die Zeiten die verschiedensten Plätze und Orte zur Verfügung, um Verbrecher, Verräter, Hexen oder auch einfache Menschen, die Pech gehabt hatten, vom Leben zum Tode zu bringen.

### *Lobkowitzplatz*

Anfangs dürften die Hinrichtungen nur innerhalb der Stadtmauern stattgefunden haben, den Hohen Markt haben wir in dieser Funktion ja schon kennengelernt. Als besonders schimpflich galt es in Wien, am Schweinemarkt (Lobkowitzplatz) hingerichtet zu werden.

Dieses Schicksal widerfuhr am 11. Juli 1408 dem Wiener Bürgermeister Konrad Vorlauf und seinen beiden Ratsherren Hans Rock und Konrad Rampersdorfer, denen hier auf Befehl Herzog Leopolds IV. das Haupt abgeschlagen wurde. Sie hatten sich im Zwist zwischen Leopold und dessen Bruder Herzog Ernst im entscheidenden Augenblick auf die falsche Seite gestellt und einige Handwerker, welche für Leopold und gegen Ernst waren, hinrichten lassen. Als sich aber plötzlich die beiden herzoglichen Brüder aussöhnten, verlangte Leopold nach Rache, und Ernst ließ, um das gute Einvernehmen zu wahren, die ihm ergebenen Ratsherren im Stich, und deren Köpfe rollten kläglich in den entehrenden Schmutz des Schweinemarktes. Noch heute erinnert eine Gedenktafel am Lobkowitzplatz an dieses tragische Geschehen.

### *Gänseweide (Weißgerberlände zwischen Hetzgasse und Kegelgasse)*

Die Gänseweide war, wahrscheinlich wegen ihre Lage am Ostrand der Stadt und wegen des zumeist in Wien herrschenden Westwindes, die bevorzugte Hinrichtungsstätte bei Verbrennungen. Diese Strafe war vor allem Brandstiftern und Leuten vorbehalten, die der heiligen römisch-katholischen Kirche ins Gehege gekommen waren. So verbrannte man hier nicht nur im Jahre 1421 die Reste der Wiener Judenschaft, der es nicht gelungen war, vor der großen „Geserah“ (siehe S. 22) zu flüchten, sondern auch 1583 die arme, als Hexe bezichtigte Elsa Plainacher (siehe S. 35). 1467 starb hier der Waldenserbischof Stefan, das Oberhaupt einer christlichen

Anonymes Flugblatt mit der Beschreibung eines Doppelmordes und der Hinrichtung des Täters durch das Rad. Beginn 18. Jahrhundert. Derartige Flugblätter wurden bei der Urteilsvollstreckung durch sogenannte „Urteilsweiber“ an die Zuseher verkauft.

Der Hohe Markt mit der Schranne. Kupferstich von Joseph Emanuel Fischer von Erlach und Johann Adam Delsenbach, um 1715.

Bürgerspital-Gottesacker bei der Karlskirche. Nach Aufhebung der Totenbruderschaft durch Joseph II. 1782 wurde der Friedhof wenig später aufgelassen.

Der Rabenstein in der Rossau, die älteste Richtstätte Wiens, in der Nähe der heutigen Berggasse gelegen. Stich, 2. Hälfte 18. Jahrhundert. Am 6. März 1786 wurde hier Franz von Zahlheim als letzter hingerichtet.

Die Hinrichtung des Grafen Franz Nádasdy wegen Hochverrates in der Stube des Wiener Rathauses 1671. Zeitgenössischer Stich.

Gefangene Juden, erkennbar an ihren spitzen Judenhüten, werden zur Hinrichtung gebracht. Holzschnitt, um 1475.

Jesus bei den Schriftgelehrten im Tempel, spätmittelalterliche polemische Darstellung.

Mittelalterliche Gerichtsverhandlung.

Pfählung des Bäckerknechts Bartl oder Bartholomäus, eines fünffachen Raubmörders.

Der Arzt Balthasar Hubmaier, der als Wiedertäufer auf der Gänseweide verbrannt wurde. Seine Frau ertränkte man in der Donau.

Im Zeitalter der Glaubensspaltung bildete der Feuertod die für Ketzer vorgesehene Strafform.

Auszug aus einem Gesetzbuch, das für „Hexen" den Tod durch Verbrennung forderte.

LXXV.

## Straff der Zauberey.

Item/ ſo jemand den Leuthen durch Zauberey Schaden oder nachtheil zufügt/ der ſoll mit dem Fewer vom Leben zum Todt geſtrafft werden/ Wo aber Jemand Zauberey gebraucht/ vnd damit niemand Schaden gethon hett/ ſoll ſonſt nach gelegenheit der Sachen/ darinn das Gericht Raths gebrauchen ſolle/ geſtrafft werden.

D Straff

Sekte, die zu dieser Zeit in Österreich bis zu 80.000 Mitglieder gezählt haben soll, denselben grausamen Tod wie 1524 und 1549 die Wiener Lutheraner Kaspar Tauber und Johann Hayn (siehe S. 32). Der Tod durch das Feuer muß auch schon den damaligen Menschen so schrecklich vorgekommen sein, daß man versuchte, die fürchterlichen Qualen der Verurteilten zu lindern. Wenn der Scheiterhaufen entzündet wurde, stand daher der Henker – sofern möglich – hinter dem an einen Pfahl gebundenen Delinquenten und erwürgte ihn noch schnell mit einer Knebelschnur, oder man hängte den Todgeweihten kleine Säckchen mit Schießpulver an die Armensünderhemden, beziehungsweise bestreute sie mit Schwefel, so daß sie auch in diesem Fall schneller den Tod fanden. Die letzte öffentliche Verbrennung in Wien hat übrigens noch im Jahre 1733 stattgefunden; das Zeitalter der Aufklärung hat aber bereits damals die Menschen diese Tötungsart als mittelalterlich, sprich barbarisch, empfinden lassen und führte in der Folge endlich zu deren Abschaffung.

### *Am Tabor*

Der Tabor, etwa der Abschnitt des heutigen Donaukanals zwischen Schwedenplatz und Taborstraße, diente dem Ertränken von Verurteilten. Zumeist wurden sie in einen großen Sack gesteckt, der mit Steinen beschwert wurde, und dann von der Schlagbrücke ins Wasser geworfen.

Bestraft wurden auf diese Art und Weise vor allem Frauen. Ledige Mütter, die ihre Kinder ermordet hatten, der Stadt verwiesene Freudenmädchen, die heimlich zurückgekehrt waren, und nicht zuletzt entlaufene Klosterfrauen fanden auf diese Weise den Tod.

Auch jene betrügerischen Bäcker, die ihre Brote zu klein gemacht hatten, wurden hier „geschupft", d. h. in einen Korb gesetzt und ins Wasser getaucht.

### *Der Hochgerichtsplatz*

Ab dem Jahre 1311 befand sich in der Rossau, etwa dort, wo sich heute im 9. Bezirk der Schlickplatz befindet, der „Rabenstein", das

Wiener Hochgericht. Es bestand aus einer runden aus Steinen gemauerten Plattform von etwa zwei Metern Höhe, auf der sich ein einfacher, torartiger Galgen befand, und auf der auch noch Platz war, um Enthauptungen vorzunehmen. Durch ein Tor im Sockel gelangte man auf die Plattform, auf der der Henker dann sein Werk zu verrichten hatte. Direkt neben dem Rabenstein befand sich das sogenannte „Galgenkreuz", an dem der zum Tode Verurteilte sein letztes Gebet sprechen konnte und das nach der Auflassung der Hinrichtungsstätte in das Presbyterium der Servitenkirche kam. Nicht weit davon befand sich auf einer Säule auch die Statue einer Pieta, die so aufgestellt war, daß sie das Letzte war, was der Delinquent von der irdischen Welt zu sehen bekam.

Nach der Hinrichtung des Franz Zahlheimer (siehe S. 43) und mit der Abschaffung der Todesstrafe 1786 wurde der Rabenstein abgetragen, aber im Jahre 1818, anläßlich der Hinrichtung des legendären Räuberhauptmannes Grasel aus Ziegeln am Glacis vor dem Neutor neu errichtet. Endgültig aufgelassen hat man diesen schaurigen Ort im Jahre 1850, von da an fanden alle Hinrichtungen am Wienerberg statt.

## *Der Wienerberg*

Unweit der Spinnerin am Kreuz befand sich die bekannteste und am längsten öffentlich genutzte Hinrichtungsstätte der Stadt Wien. Bereits seit ältester Zeit, vermutlich seit Matthias Corvinus, wurde hier mit Schwert und Galgen, aber auch durch Pfählen und Rädern hingerichtet. 1747 mußte auf Grund eines Hofdekrets die Hinrichtungsstätte von der niederösterreichischen Regierung abgebaut werden, „... dies wegen der Nähe zur k. k. Residenz und dem Lustschloß Schönbrunn". Nach der Wiedereinführung der Todesstrafe durch das Strafgesetzbuch von 1803 suchte man in Wien neuerlich einen Richtplatz und hielt den Wienerberg dafür sehr geeignet, wie das Kriminalgericht in einem Gutachten meinte: „Der Platz sei geräumig und öde. Er könne mehrere Tausend Leute umfassen und sei auch zur Beerdigung tauglich. Für das Publikum erwachse kein Nachteil, da der Platz gut zugänglich sei."

Als letzter öffentlich Hingerichteter beendete Georg Ratkay, der Bettgeher-Mörder (siehe S. 73), am 28. Mai 1868 hier sein Leben, die skandalösen Vorfälle bei seiner Hinrichtung führten zur Verlegung der Exekutionen in den Hof des Wiener Landesgerichtes.

Damit wurde dem Verurteilten zwar der Spießrutenlauf durch eine oft vieltausendköpfige Menge erspart, gleichzeitig entfiel aber auch die von der Justiz geforderte „Generalprävention", die dem Publikum die Folgen einer bösen Tat vor Augen führen sollte.

### *Bürgerspital-Gottesacker*

Im Mittelalter blieben die Justifizierten am Galgen hängen oder auf das Rad geschnallt, bis sich die Raben an ihnen gütlich getan hatten, dann verscharrte man die Knochen irgendwo nahe der Hinrichtungsstätte. Dem mittelalterlichen Menschen war aber selbst das Heil dieser Seelen noch ein Anliegen, und Sünder, die bereut und gebüßt hatten, sollten auch in geweihter Erde begraben werden. Daher bildete sich bald die sogenannte Gottesleichnamsbruderschaft, welche es sich zur Aufgabe gesetzt hatte, um Gottes Lohn für die Beerdigung der Hingerichteten zu sorgen.

Die Mitglieder der Bruderschaft, die von Kaiserin Eleonore gestiftet worden war und die Kaiser Ferdinand III. sehr gefördert hatte, erschienen am Abend des Hinrichtungstages am Richtplatz. Angetan mit ihrem schwarzen Talar und Kapuze nahmen sie den Toten in Empfang und betteten ihn auf dem von ihnen gestifteten Bürgerspitalsfriedhof, der heute auf dem Karlsplatz unmittelbar vor der Technischen Universität zu suchen wäre, zur letzten Ruhe. 1782 hob Joseph II., dem all diese alten Bräuche ein Greuel waren, die Bruderschaft auf, 1784 wurde auch der Friedhof aufgelassen; seitdem kümmerten sich der Staat oder der eigens zu diesem Zweck ins Leben gerufene Arimathäa-Verein – so benannt nach Joseph von Arimathäa, der geholfen hatte, Christus zu bestatten – um die sterblichen Überreste der Justifizierten.

# Stibor Chrezzl 1385

Es ist kaum abzuschätzen, wieviele Menschen jedes Jahr am Wiener Stephansdom vorbeigehen – die Spaziergänger, die vielen Schulklassen, die Fremden aus aller Herren Länder. Kaum einer aber von ihnen bedenkt, daß verborgen unter dem Pflaster zu ihren Füßen, einer der größten Friedhöfe der Stadt liegt, der Stephansfreithof. Jahrhundertelang hat man die Wiener hier im Umkreis ihrer größten Kirche zur Ruhe gelegt. Unter Karl VI. wurde der Freithof im Jahre 1732 aufgelassen; Kaiser Joseph II. befahl dann die Auflösung aller Friedhöfe innerhalb der Stadt und schickte die Trauernden bis außerhalb der Linienwälle.

Der Stephansfreithof war aber im Mittelalter Freigrund, das heißt, hier hatte die städtische Gerichtsbarkeit nichts zu sagen, und so fand sich auf diesem Stückchen Erde alles mögliche Gesindel zum Trinken und Glücksspielen zusammen, Leute, die die Weltlichkeit mehr zu fürchten hatten als vielleicht die Geister der in ihrer Totenruhe gestörten Begrabenen.

Im Herbst des Jahres 1385 sah man allerdings Aufregung am Stephansfreithof. Es wurde ein neues Grab bereitet, und alle, die dabei waren, die Erdarbeiter, die Maurer und Steinmetzen, muß es ein wenig gegruselt haben, denn diesmal arbeiteten sie nicht für einen Toten, sondern für einen noch Lebendigen, der seinem baldigen Ende in dieser Gruft entgegensah.

Begonnen hatte alles am Beginn dieses Jahres: Herzog Albrecht III., der bei den Wienern nicht sonderlich beliebt war, hatte ein großes Gastmahl gegeben. Bald danach aber traten bei ihm Übelkeit und Lähmungserscheinungen auf, und von Tag zu Tag verschlimmerte sich sein Zustand. Allen am Hof war es klar, der Herzog war vergiftet worden, ein beliebtes Mittel jener Zeit, um die Reichen und Mächtigen aus dem Weg zu räumen. Einer der Hofkapläne konnte auch schnell den Schuldigen präsentieren, der Koch mußte es gewesen sein, der Stibor Chrezzl und kein anderer. Schnell warf man den Armen in den Kerker und malträtierte ihn mit allen Folterwerkzeugen, die jene Zeit bereithielt, um ein Geständnis aus ihm herauszupressen und um seine Auftraggeber zu erfahren, aber umsonst. Stibor vertraute auf seine Unschuld und auf die Hilfe der Jungfrau Maria und blieb dabei, daß er unschuldig sei. Und so viel Standhaftigkeit beeindruckte die Leute, die Stimmung begann umzuschlagen, und man erinnerte sich daran, daß ähnliche Vergiftungen öfters vorkamen, immerhin war es ja eine der großen Schwierigkeiten des Mittelalters, die Lebensmittel frischzuhalten, und so konnte es ohne weiteres sein, daß Albrecht III. an einer einfachen Lebensmittelvergiftung litt. Um so mehr begann man sich nun mit dem Hofkaplan zu beschäftigen, der so bestimmt den armen Koch beschuldigt hatte, und kam bald darauf, daß er wegen einer unbedeutenden Sache dem Koch übel gesinnt war und die ganze Anschuldigung erfunden hatte.

Das alte Wiener Recht mag uns heute als hart erscheinen, aber es war auch gerecht: Der Hofkaplan mußte nun dieselbe Strafe erleiden, die man dem angeblichen Giftmischer zugedacht hatte, nämlich das lebende Einmauern.

Und so wurde er im Herbst 1385 zunächst für zwei Wochen in einem Käfig vor der Schranne am Hohen Markt ausgestellt und dann in sein Grab gebracht, man stellte ihm noch einen Krug Wasser hinein und gab ihm einen Laib Brot mit, dann schloß sich die schwere Gruftplatte über ihm für immer.

Ob die Gauner und Halsabschneider dann noch immer so fröhlich am Stephansfreithof gewürfelt und „gekobert" haben, entzieht sich unserer Kenntnis, ganz so wohl wird ihnen vielleicht aber nicht mehr dabei gewesen sein.

# Die jüdische Gemeinde von Wien 1421

Die Juden erfreuten sich im Mittelalter in Wien durchaus einer gewissen Beliebtheit. Bereits unter den Babenbergern hatte man sie ins Land geholt, weil man sie als geschickte Finanziers und Händler schätzte, und der erste Jude, den wir in Wien unter dem Babenbergerherzog Leopold V. nachweisen können, hieß Schlom (Salomon) und war der Münzmeister des Herzogs, also zuständig dafür, daß es bei der Münzherstellung in Wien mit rechten Dingen zuging. Mit Schlom ist uns aber auch der erste Mord aus Wien überliefert worden, er wurde 1195 von durchreisenden deutschen Kreuzrittern erschlagen, über das Warum und Wieso schweigen die Chroniken.

Auch in der Folge lebten die Juden in Wien unter dem besonderen Schutz der Babenberger und später der Habsburger, und selbst in den unglückseligen Jahren 1349–1351, als die Pest durch Europa tobte, für die man so mancherorts die Juden verantwortlich machte, kam es in Wien zu keinen Pogromen.

Das alles sollte sich ändern mit einem Unglück, das die Juden Wiens im Jahre 1406 traf. In der Nacht von Freitag auf Samstag brach am 5. November dieses Jahres in der Synagoge ein Brand aus, dem in der Folge das gesamte Ghetto zum Opfer fiel. Die Wiener nützten die Gelegenheit des Brandes und plünderten die Häuser der Juden aus, an der Spitze die Studenten und der „povel“, also die ärmsten Bürger. Geschädigt wurden dabei aber auch jene Wiener, die bei den Juden Pfänder für ihre Kredite hinterlegt hatten und die jetzt, da die Juden bei unverschuldetem Verlust der Pfänder nicht ersatzpflichtig waren, ihre Pfänder verloren hatten, allerdings auch ihre Kredite nun nicht mehr zurückzahlten.

Herzog Albrecht V. kam der Brand gerade recht. Er deckte am liebsten die Kosten seines Hofes durch harte Steuern auf die Judenschaft und erhöhte sie konsequent jedes Jahr. Mit der Zeit verarmten die Juden Wiens, und dies führte langfristig dazu, daß sie ihren Wert als einfache Geldquelle für den Herzog verloren und er nun danach trachtete, sie aus Wien zu entfernen. Dazu kamen ihm die vielen Greuelgeschichten gelegen, die man sich über die Juden erzählte: über Hostienschändungen und Opferungen von Christenknaben bis zu ihrer angeblichen Unterstützung für die Hussiten, die zu jener Zeit Wien bedrohten, reichte die Liste der Anschuldigungen. Am 23. Mai 1420 erließ Albrecht aus diesen Gründen den Befehl, alle Juden Wiens zusammenzutreiben und gefangenzunehmen. In Wien wurden die Juden ins „Schergenhaus bei der Himmelspforten" gesperrt und der Folter unterworfen, um ihnen Informationen über ihre angeblich versteckten Schätze zu entreißen. Ein zweiter Teil der Juden wurde in der Synagoge gefangengehalten und verübte eines Nachts kollektiven Selbstmord, als bekannt wurde, daß der Herzog plante, den Eltern alle Kinder unter 15 Jahren wegzunehmen und zwangsweise zu taufen.

So waren am 12. März 1421 von der einstmals großen Wiener Judengemeinde nur noch 92 Männer und 120 Frauen am Leben. Am Morgen dieses Tages wurden die Juden auf 86 Wagen geladen und durch die Stadt nach Erdberg gebracht, wobei an sieben Orten in Wien die bevorstehende Hinrichtung mit den Worten verkündet worden war, „... daß unser gnädiger Herr (d. h. Albrecht) alle Judschait in seinem Lanndt, auf den heutigen Tag geschafft zu richten mit dem prannt ...".

Angesichts der Scheiterhaufen, die auf der Gänseweide errichtet worden waren, versprach man, die Juden am Leben zu lassen, wenn sie sich taufen ließen, aber diese stimmten fröhliche Lieder und Gesänge an und begannen zu tanzen, um ihrer Hoffnung auf ein besseres Jenseits Ausdruck zu geben. Dann nahmen sie ihr Schicksal gefaßt auf sich ...

Nach der Hinrichtung war sich der Pöbel nicht zu schade, die Asche der verbrannten Juden zu durchwühlen, weil die Meinung weit verbreitet war, die Juden hätten ihre Wertgegenstände verschluckt, um sie so in Sicherheit zu bringen.

Wenn die Wiener geglaubt hatten, mit dem Tod der Juden wären sie nun auch ihre Schulden los, so hatten sie sich geirrt, der Herzog ließ alle Kredite einziehen und kassierte sie in seinem Namen, das jüdische Ghetto wurde abgerissen und seine Steine zum Neubau der Wiener Universität verwendet.

Nach dem „Erez Hadamin", dem Blutland, wie Österreich fortan bei den Juden hieß, kamen sie lange nicht mehr, erst fast 200 Jahre später kommt es wieder zur Gründung einer jüdischen Siedlung in Wien. Die „Wiener Geserah" des Jahres 1421 brannte zu tief im Gedächtnis der Kinder Israels.

# Michael Lienfelder 1441

Das Verhältnis der Wiener Bürger zu dem in ihrer Stadt residierenden Adel war im Mittelalter nicht immer ungetrübt, obwohl die Überlieferung hier unterschiedlich zu interpretieren ist. Auf der einen Seite stehen die großen Festlichkeiten, welche Wiener Bürger oft für den jeweiligen Landesherren ausrichteten, und Hoffeste, zu denen der Kaiser auch gerne die Bürger mit ihren Gattinnen eingeladen hat. Auf der anderen Seite versuchte der Adel in Wien oft, sich gesellschaftlich von den Bürgern abzusondern und ein Leben unter seinesgleichen zu führen, so z. B. in den Turnieren, die allein Personen „von Stand" vorbehalten waren.

An manchen Dingen scheinen sich aber die Gemüter besonders entzündet zu haben, und wie so oft in der Geschichte geht es hierbei um das schwache Geschlecht, die Frauen. Der spätere Papst Pius II., Aeneas Silvius Piccolomini, der sich längere Zeit in Wien aufgehalten hat, spricht besonders von der Sittenlosigkeit des Adels in Wien. Nach seiner Beschreibung besuchen die Adeligen die Frauen der Bürger in ihren Häusern, ziehen sie vertraulich zur Seite und lassen sich vom Ehemann noch einen Becher Wein kredenzen, ehe sie ihn in die nächstgelegene Schenke mit dem Auftrag schicken, erst in ein paar Stunden wiederzukommen. Viele Bürger haben sich das gefallen lassen, vielen wird es auch egal gewesen sein, einem aber nicht.

Der Wiener Bürger Michael Lienfelder schaute im Jahre 1441 nicht zur Seite, als der Herr Georg von Rappach in seinem Haus in der Weihburggasse erschien und seiner Ehefrau schöne Augen machte, sondern er stellte ihn zur Rede und warf ihn kurzerhand aus dem Haus.

Das konnte und wollte sich Rappach, der zu dieser Zeit ein maßgebliches Mitglied des Hofadels unter Herzog Albrecht VI. war, nicht gefallen lassen, und so engagierte er einige zwielichtige Gestalten, die in das Haus Michael Lienfelders einbrachen, ihn ermordeten und auch noch beraubten.

Der Magistrat der Stadt Wien hatte lange dem Treiben der Adeligen zugesehen, nun war es aber genug! Sollten sie schon ruhig mit den Bürgersfrauen schlafen, die Ehemänner umbringen ging doch entschieden zu weit. Außerdem hatten die Mörder eines der heiligsten Rechte der Bürger der Stadt, die Bewertung des Hauses als „Freyung", als ureigenster, persönlicher Raum des Menschen, auf das gröblichste verletzt, und das konnte nun beim besten Willen nicht mehr toleriert werden. Georg von Rappach konnte von den Beamten der Stadt als Adeliger, der allein der Rechtssprechung des Herzogs unterstand, nicht verhaftet werden, aber man forschte seine Komplizen aus und setzte sie in den Turm, wo sie bald gestanden.

Der Magistrat ging nun zum Herzog und verklagte den Herren Georg von Rappach wegen Anstiftung zum Mord und wegen Raubes, aber Albrecht VI. hielt schützend die Hand über seinen Standesgenossen, und alles was dabei herauskam, war eine Verurteilung des Rappachers in dem Sinne, daß er das geraubte Gut herausgeben sollte und daß er jährlich zwei Pfund Wiener Pfennige für eine feierliche Seelenmesse zugunsten Michael Lienfelders bei St. Stephan zu zahlen hatte.

Aber selbst an diese geringe Buße hat Herr Georg von Rappach sich nicht gehalten, bereits im Jahre 1442 führte die Stadt Beschwerde beim Herzog wegen Nichtbezahlung des Jahrtages und weil er das geraubte Gut noch immer nicht zurückerstattet hatte. Ob Rappach bis zu seinem Tode 1445 überhaupt etwas bezahlt hat, bleibt im Dunkel der Geschichte verborgen.

# Wolfgang Holzer 1463

Der Wiener Bürgermeister Wolfgang Holzer war ein stolzer Mann. Seit 1462 war er Bürgermeister von Wien und damit der mächtigste Mann in der Stadt. Kaiser Friedrich III. selbst hatte zwar noch im Jahr seiner Ernennung versucht, ihn abzusetzen, aber das hatten sich die Wiener Bürger nicht gefallen lassen und Friedrich sieben Wochen lang in der Hofburg belagert. Nur die Hilfe des Böhmenkönigs Podiebrad hatte die kaiserliche Familie, darunter den jungen Maximilian, der später der letzte Ritter genannt werden sollte, gerettet.

Nun herrschte der Bruder des Kaisers, Herzog Albrecht VI., über Wien, aber den Wiener Ratsbürgern und Kaufleuten war inzwischen klar geworden, daß sie einen Fehler gemacht hatten. Friedrich war nämlich nach seiner Vertreibung aus Wien geschickt vorgegangen und hatte der Doppelstadt Krems-Stein eine ganze Reihe von Privilegien und Handelsrechten eingeräumt, und die begannen nun die Wirtschaftskraft der Stadt Wien erheblich zu schmälern.

Holzer begann daraufhin Geheimverhandlungen mit dem Kaiser mit dem Ziel, die Stadt Friedrich III. in die Hände zu spielen. Am Karsamstag dem 9. April 1463 lud er den Rat der Stadt in sein Haus am Graben zum Essen und ließ von seinen Anhängern die verdutzten Ratsherren gefangennehmen. Dann eilte er mit einigen Mitverschworenen zum Stubentor und ließ die kaiserlichen Reiter in die Stadt einrücken. Der Bürgermeister hatte aber die Rechnung ohne die einfachen Wiener gemacht, und dieser „gemaine povel" konnte und wollte nicht so schnell die Seiten wechseln und warf in einem wütenden Gefecht die Kaiserlichen wieder aus der Stadt. Holzer, nun ein Hochverräter, floh mit ihnen; warum er in der nächsten Nacht wieder heimlich nach Wien zurückkehrte, in eine Stadt, in der der Aufenthalt für ihn nun lebensgefährlich war, ist bis heute ungelöst geblieben. Holzer wurde verraten und gefangengenommen, und mit ihm setzte man eine ganze Reihe angesehener Wiener Bürger ins „Diebshaus“, das städtische Gefängnis in der Rauhensteingasse, wo sie in den dumpfen Kellerverliesen auf ihr Ende warten mußten.

Am 15. April 1463 wurden sie herausgeholt, auf den Armensünderkarren gestellt und zum Hohen Markt geführt. Ohne langen Prozeß schlug man dort dem Ritter Augustin, dem Anführer der kaiserlichen Reiter, der bei dem Gefecht gefangengenommen worden war, das Haupt ab, und dann sollten die Bürger an die Reihe kommen und gevierteilt werden: Oswald Reicholf, Wolfgang Holzer, Sebastian Ziegelhauser, Hans Purckhauser und den „Höllerbeck“ sollte dieses schwere Los treffen. Reicholf allein behielt die Nerven, er bat, einige Bürger zu Herzog Albrecht in die Hofburg mit der Bitte um Begnadigung zu senden, nicht sein Leben wollte er geschenkt haben, sondern allein das Recht, mit dem Schwert gerichtet zu werden.

Vieren wurde diese Gnade, den schnellen und ehrenhaften Tod durch Enthauptung zu sterben, zuteil. Nur Wolfgang Holzer hatte der Herzog diese Gunst verwehrt, zu groß war sein Haß auf den Mann, der ihm zuerst so treu gedient und ihn dann verraten hatte.

Holzer hatte mitansehen müssen, wie seine Freunde nacheinander geköpft wurden, und als die Reihe an ihn kam, glaubte er ebenfalls noch, daß man auch ihn enthaupten würde. Aber der Henker warf vor ihm ein Brett auf die Erde, und Holzer, dem schon Fürchterliches geschwant haben muß, sprach ihn an: „Wie meinst du das?“ und der Henker antwortete: „Herr, ihr müßt anders dran.“ Holzer soll noch gelebt haben, als der Henker, der ihn zuerst der Länge nach, von unten nach oben, zerhackte, endlich sein Herz erreichte. Er schaute, so sagen die Quellen, „sein eigenes Eingeweide an und rief inniglich zu Unserer lieben Frau, bis ihm die Seele vom Munde schied.“

Er wurde in vier Teile zerhackt, und jeder Teil wurde an den Toren von Wien an Pflöcken aufgehangen, den Kopf spießte man auf eine Eisenstange und hing diese über das Stubentor, jenes Tor, das Holzer den kaiserlichen Reitern heimlich geöffnet hatte.

Nur wenige Monate nach diesem blutigen Osterfest starb Albrecht völlig überraschend in der Wiener Hofburg, und die Wiener mußten sich nun auf Gedeih und Verderb dem Kaiser Friedrich III. ausliefern. Hätte Holzer nur wenige Monate mit seinem „Verrat“ gewartet oder wäre er in jener verhängnisvollen Nacht nicht noch einmal in die Stadt zurückgekehrt, wäre er dank seiner Beziehung zum Kaiser sicher weiter Bürgermeister geblieben.

# Leonhart Reisner 1500

Über Verbrechen und Verbrecher im Mittelalter wissen wir im allgemeinen nur wenig. Zum einen liegt dies daran, daß man mit all den Kriminalakten aus mehreren Jahrhunderten in der Barockzeit die Kachelöfen des Wiener Rathauses zu heizen pflegte, zum anderen hat man zumeist nur jene Kriminalfälle aufgezeichnet, von denen man dachte, daß sie für das Recht und die Geschichte der Stadt von Interesse wären. Auch der Fall des mörderischen Bäckerknechts Bartel oder Bartholomäus wäre uns wohl für immer unbekannt geblieben, hätte sich nicht ein Flugblatt erhalten, das uns von dem grausamen Mord und dem noch grausameren Schicksal des Mörders berichtet.

Bartholomäus, sein Nachname ist uns unbekannt geblieben, stammte aus Regensburg und war auf seiner Wanderschaft nach Wien gekommen. Er lebte und arbeitete im Hause des Wiener Bäkkermeisters Leonhart Reisner in der Herrengasse an der Ecke zur heutigen Bankgasse. Aus unbekannten Gründen ermordete Bartel, wie er genannt wurde, in der Nacht des 23. November 1500 zuerst den Bäckermeister und dessen Ehefrau in ihren Betten, dann ging er in die Gesindestube und schnitt der Magd den Hals durch und erstach den zweiten Bäckerknecht. Von dem Lärm geweckt, stand plötzlich das kleine Töchterchen des Bäckers mit der Puppe im Arm vor ihm, und als sie sah, daß Bartel vorhatte, auch sie zu töten, begann sie zu weinen und flehentlich um ihr Leben zu bitten, sie würde ihm dafür auch ihren kostbarsten Besitz geben, ihre Puppe. Im oben erwähnten Flugblatt klingt diese Szene – sofern sie nicht überhaupt erfunden ist – selbst aus einem Abstand von fast 500 Jahren noch rührend: „Lieber Bartel, laß mich leben / will dir auch mein Docken (= Puppe) geben / will dir zeigen meines Vaters Schlüssel / der Mörder schnitt ihr ab den Drüssel (= Kehle).“ Dann raffte er an Wertsachen zusammen, was er konnte, und als am Morgen das Stadttor geöffnet wurde, war er der erste aus der Stadt und floh gegen Westen bis nach Regensburg.

Die Bluttat war schnell entdeckt, und zwangsläufig kam der Bartel, weil nicht auffindbar, in Verdacht. Das Stadtgericht, welches in Wien die Polizeigewalt ausübte, sandte seine Diebsschergen und Schergenknechte aus, um ihn zu suchen, allein, Bartel war längst über alle Berge. Man verfaßte nun einen Steckbrief, der landauf und landab verbreitet wurde und der bis nach Regensburg kam, wo Bartel daraufhin tatsächlich erkannt und festgenommen wurde. Der Kaiser selbst schrieb an den Magistrat der Stadt Regensburg bezüglich einer Auslieferung des Bartel, und an den Mast eines Donauschiffes geschmiedet, trat dieser seine letzte Reise nach Wien an. Bereits im März 1501 kam es hier zum Prozeß, der mit einem selbst für die damalige Zeit aufsehenerregenden Urteil endete: Wegen der Schwere des Verbrechens wurde Bartel zu einer eigentlich längst aufgegebenen Strafe verurteilt, dem Tod auf dem Pfahl. Zuvor sollte man ihm aber noch alle zehn Finger abhacken und ihn mit glühenden Zangen zwicken.

Bei der Pfählung wird der nackte Delinquent mit dem After auf einen spitzen, senkrecht stehenden Pfahl gesetzt und dann schnell und stark vom Henker und seinen Gehilfen nach unten gezogen. Wird dies geschickt gemacht, durchstößt nach wenigen Sekunden die Pfahlspitze das Herz und tritt über dem linken Schlüsselbein wieder aus. Der fast augenblickliche Tod ist die Folge.

Bei der Hinrichtung Bartels ging hingegen alles schief. Der Henker hatte vor langer Zeit vielleicht einmal eine Pfählung vollzogen, aber, wie das Flugblatt meldet, er war inzwischen längst aus der Übung. Er mußte nach dem ersten Versuch den Pfahl nochmals aus dem Körper des Verurteilten herausziehen und diesen nochmals auf den Pfahl setzen, welche Qualen der Bartel dabei ausgestanden hat, kann man sich wohl lebhaft vorstellen. Aber selbst beim zweitenmal soll nicht alles gelungen sein, denn Bartel lebte, auf den Pfahl gespießt, noch fünf Stunden, ehe seine Marter endlich ein Ende fand.

Angeblich soll er aber einsichtig über sein Schicksal gewesen sein und sein Leben mit folgenden Worten beschlossen haben:

*Der Arme schrie: „Es geht nicht recht,*
*zieh aus und stoß ihn anders ein!*
*Und daß die bitter Marter mein,*
*desto länger an mir möcht währen,*
*das will ich alles leiden gern,*
*da ich es wohl verschuldet han,*
*und hätt ich hundert Mord getan,*
*betrübt es mich nicht als so hart,*
*daß ich dem jungen Maidlein zart,*
*sein Leben nahm auch an der Statt,*
*daß mich so schön und freundlich bat:*
*‚Lieber Bartel laß mich leben,*
*ich will dir all mein Docken geben ...'"*

# Kaspar Tauber, Balthasar Hubmaier, Johann Hayn 1524, 1528, 1549

Als am 31. Oktober 1517 Martin Luther seine 95 Thesen an das Tor der Schloßkirche zu Wittenberg schlug, ahnte er wahrscheinlich nicht, wie schnell sich seine Idee einer reformierten Kirche in ganz Europa verbreiten würde. Auch nach Wien kam die neue Lehre, und in dieser Stadt, von deren etwa 80.000 Einwohnern fast ein Zehntel im Dienst der Kirche stand, fiel sie schnell auf fruchtbaren Boden.

Zwar versuchten der Kaiser und die katholische Kirche schon die ersten Anfänge der lutherischen Lehre in Wien mit Feuer und Schwert zu ersticken, aber die Wirkung blieb gering. So wurde am 17. September 1524 bereits der erste Protestant in Wien hingerichtet, es war dies der Haus- und Grundbesitzer Kaspar Tauber aus der Dorotheergasse. Man hatte aber zu diesem frühen Zeitpunkt noch keine so rechte Erfahrung, wie man mit den „Protestanten" umzugehen hätte, und so versuchte man es zuerst mit einer gütlichen Regelung. Kaspar Tauber sollte abschwören, angetan im Büßerhemd, mit einer Kerze in der Hand im Stephansdom erscheinen und alles Neue verleugnen und allein anerkennen, was ihm die katholische Kirche vorschrieb.

Man hatte ihm auch eine Liste gegeben, die all jene Gedanken enthielt, die die Obersten der Kirche in Wien an seiner Lehre so erboste, da standen Punkte darauf wie die Verleugnung der Wesenseinheit Christi im Abendmahl und des kirchlichen Segens, die Leugnung der Existenz des Fegefeuers, die Nichtanerkennung Marias als Heilige oder die Abschaffung der Ohrenbeichte. Weiters war Kaspar Tauber gegen die Schlüsselgewalt der Kirche und sah die Notwendigkeit der kirchlichen Weihen für die Ausübung des Priesteramtes nicht ein.

Hätte er abgeschworen, wäre er recht billig davongekommen, eine Geldstrafe sowie Landesverweisung hätte ihm die bewiesene Untreue an dem neuen Glauben eingebracht, aber Kaspar Tauber war um nichts weniger fanatisch in Glaubensdingen wie seine Richter: Er benutzte seinen Auftritt im Stephansdom zu einer scharfen Predigt gegen die katholische Kirche und dachte gar nicht daran abzuschwören. Das Urteil der nun aufs höchste erbosten Obrigkeit war von entsprechender Grausamkeit: Man schnitt ihm die Zunge, also den Körperteil, mit dem er gesündigt hatte, heraus, band ihn an den Schwanz eines Pferdes, schleifte ihn zur Gänseweide, dem Hinrichtungsplatz an der heutigen Weißgerberlände, und verbrannte ihn dort „zu Staub und Asche".

Aber sein standhaftes Beispiel hatte auf die Wiener Eindruck gemacht, und man begann sich nun immer mehr für diese neue, reformierte Religion zu interessieren, die aber in ihrem Gefolge auch zahlreiche Sekten mit sich brachte. So die bedeutende, aus Deutschland kommende Wiedertäuferbewegung, die einen Agitator, Hans Hut, über Böhmen nach Wien sandte. Hans Hut gelang es, den einflußreichen Wiener Arzt Balthasar Hubmaier von seiner Lehre zu überzeugen, und dieser fing nun an, in Wien die Lehren der Sekte weiter zu verbreiten, Taufen vorzunehmen und zu predigen.

Der Magistrat, nun längst nicht mehr das Oberhaupt einer selbständigen, stolzen Bürgerschaft, sondern seit der Magistratsreform von 1525 ein rechtloser Apparat zu Diensten des Landesherren, wollte sofort seine Treue zu Ferdinand I. beweisen, ließ Hubmaier einsperren, foltern und am 10. März 1528 auf der Gänseweide verbrennen, seine Frau wurde in einen mit Steinen beschwerten Sack eingenäht und in der Donau ertränkt. Vierzehn Tage später folgten ihm in seinem Schicksal ein Schuster und ein Bauer, beide aus Penzing, das damals als die Hochburg der Wiedertäufer in Wien galt, nach.

Doch all diese abschreckenden Maßnahmen nützten nicht viel: Im Jahre 1549 waren fast 90 Prozent der Bürgerschaft in Wien protestantisch, und nur der größte Teil des Adels sowie der Klerus standen noch treu zum Papst in Rom und ihrem katholischen Kaiser. Der konnte zwar im Moment nicht viel gegenüber seinen lutherischen Untertanen durchsetzen, aber er hatte noch die Gewalt in der Stadt in der Hand, und wenn die Bürger zu übermütig wurden, griff er hart durch. So auch bei der Fronleichnamsprozession des Jahres 1549, die traditionsgemäß über den Wiener Graben führte. Plötzlich sprang aus der Menge der Zuseher der junge Bäckerbursche Johann Hayn hervor, entriß dem Priester die Monstranz und schleuderte sie unter wüsten Flüchen zu Boden. Es ist unklar, ob dies die Tat eines fanatisierten Einzelgängers war, oder ob sich Johann Hayn auch auf die Unterstützung durch die gaffende Bürgerschaft verließ. Was immer er sich erwartet hatte, es traf nicht ein: Man ergriff ihn und machte mit ihm den sprichwörtlichen kurzen Prozeß. Noch am Ort der Tat schlug man ihm die Hände ab und riß ihm die Zunge heraus, dann wurde er in eine Kuhhaut gewickelt, zur Gänseweide geschleift und sofort verbrannt. Mochten auch die Bürger Wiens protestantisch sein und laut murren über dieses Strafgericht, der Kaiser war katholisch, und er verfügte über die Macht und die Soldaten in der Stadt.

# *Elsa Plainacher 1583*

Der Hexenwahn hatte die Lande Österreichs im 15. und 16. Jahrhundert fest in seinen Krallen. Wenn ein altes Mütterchen sich auf die Heilkunde verstand, wenn sie im Winter Blumen zum Blühen bringen konnte, oder wenn sie einfach jemandem mißliebig war: der Ruf „Hexe" brachte sie in dieser Zeit nur allzuschnell auf den Scheiterhaufen der unbarmherzigen Inquisition.

Die Wiener waren – im Gegensatz zu den nicht so zimperlichen Steirern und Salzburgern – weit weniger anfällig für diese Massenhysterie, und so finden wir in den Annalen der Stadt nur einen einzigen Hexenprozeß verzeichnet, den gegen die 70jährige Elsa Plainacher aus Mank in Niederösterreich.

Begonnen hatte alles im Jahre 1581. Eines Tages wälzte sich die 14jährige Anna Schlutterbauer aus Mank in Niederösterreich am Boden, hatte Schaum vor dem Mund und stammelte unverständliche Worte. Ein aufgeklärter Arzt hätte damals vielleicht auf das Leiden der Fallsucht (Epilepsie) schließen können, aber der Vater des Mädchens war überzeugt, daß böse Dämonen die Ursache der schrecklichen Anfälle wären. Man versuchte, das Mädchen zu exorzieren, zuerst in St. Pölten und dann in Melk, aber ohne Erfolg. Selbst der Kaiser in Wien und der hohe geistliche Adel der Stadt erhielten Kenntnis des Falles und sahen nun hierin eine gute Möglichkeit, die damals in den Wirren der Gegenreformation liegende und fast zur Gänze protestantische Stadt Wien von der Wirksamkeit des katholischen Ritus zu überzeugen.

Im Frühjahr 1583 wurde Anna nach Wien gebracht und am 14. August vor einer großen Zuschauermenge mit durchschlagendem Erfolg exorziert: Nicht weniger als 12.562 Dämonen sollen ihren geplagten Körper mit einem Male verlassen haben.

In Wien saß inzwischen auch die angeblich Schuldige an der Verzauberung des Mädchens in Haft: ihre eigene Großmutter, die

70jährige Elsa Plainacher. Sie hatte nach dem Tode ihrer Tochter die damals vierjährige Anna in ihre Obhut genommen und aufgezogen; nun beschuldigte man sie monströser Verbrechen. Die alte Frau hielt lange tapfer durch, aber die fortgesetzten Foltern schwächten sie zusehends, und eines Tages, ein schneller Tod muß ihr gnädiger erschienen sein als die Fortsetzung der Folter, legte sie ihr „Geständnis" ab. Sie gab zu, mit dem Teufel einen Pakt geschlossen und ihm Anna ausgeliefert zu haben. Sie habe auch ihre Tochter, ihren Ehemann und weitere ihrer Kinder getötet, Schadens- und Wetterzauberei betrieben und noch viele Dinge mehr, was ihre Peiniger eben von ihr hören wollten.

Das Urteil war nach diesem erpreßten Schuldbekenntnis schnell gesprochen, und über die Vorgangsweise wurde nicht lange beratschlagt: Hexen wurden verbrannt. Am 27. September 1583 schleppte man Elsa Plainacher zur Gänseweide, wo schon ihr Scheiterhaufen errichtet worden war. Unter dem Johlen und Beifall des Volkes wurde sie mit Pech eingestrichen und an den Pfahl gebunden, um den trockenes Reisig aufgeschichtet war. Ob ihr der Henker den letzten Gnadendienst erwiesen hat, nämlich sie kurz nach dem Anzünden des Feuers noch zu erdrosseln, wissen wir nicht. Da dies aber selbst in dieser grausamen Zeit allgemein üblich war, können wir es fast annehmen.

Kaiser und Klerus waren mit dem Ergebnis des Prozesses zufrieden und vielleicht auch etwas abgestoßen, jedenfalls verzichtete man in der Folge auf weitere Prozesse und Hinrichtungen wegen Zauberei und Hexerei in Wien. Der Name Plainacher aber wurde zum beliebten Schimpfwort in Wien und hat sich über mehrere Jahrhunderte im Volksmund erhalten.

# *Georg Paradeyser 1601*

Als im Jahre 1526 Ungarn die Schlacht von Mohács und seinen König Ludwig II. verlor, bedeutete diese Niederlage nicht nur das Ende des christlichen Ungarns, sondern es brachte die Grenzen des Osmanischen Reiches bis fast vor die Tore Wiens. Und schon bald danach, nur drei Jahre später, mußten sich auch schon die Wiener mit den immer aggressiver vordringenden Türken unter Suleiman dem Prächtigen auseinandersetzen. 1529 gelang es gerade noch, vor den Mauern Wiens den Ansturm der Türken abzuwehren, aber es war klar, daß die türkische Gefahr für Jahre hinaus die österreichische Politik bestimmen würde.

1532 versuchte Suleiman nochmals einen Angriff auf Österreich, konnte aber von einem Reichsheer unter Karl V. zurückgeschlagen werden. Dennoch war der stetige Vormarsch der Osmanen nicht aufzuhalten, 1541 wurde Buda endgültig von den Türken besetzt, und in den Friedensschlüssen von Konstantinopel 1562 und Adrianopel 1568 mußten die Habsburger die Erwerbungen der Türken anerkennen. Nur die unablässigen Kämpfe der Türken mit den Persern an der Ostgrenze ihres Reiches verschafften Österreich in der Folge eine militärische Atempause. Im Jahre 1593 ergriffen die Osmanen jedoch neuerlich die Offensive: Sie kündigten den Frieden von Adrianopel und machten sich auf, Österreich endgültig zu unterwerfen.

Der neue Krieg wogte nun jahrelang unentschieden hin und her, wodurch die Kriegsmoral der Wiener Bevölkerung von Jahr zu Jahr sank. Steuern, Abgaben und Zölle wurden zur Finanzierung des Krieges herangezogen, der Handel mit der unteren Donau lag brach, man wurde kriegsmüde, und es mehrten sich die Stimmen in der Bevölkerung, die den tatenscheuen Kaiser Rudolf II. drängten, endlich einen Frieden mit den Türken zu suchen. Es mußte also etwas geschehen, um die kriegsmüde Wiener Bevölkerung wieder aufzurütteln und zum Durchhalten zu zwingen. Und man mußte ihr vor allem anderen vor Augen führen, welche Konsequenzen es für jene gab, die nicht bereit waren, sich in diesem Krieg bis zum Letzten, dem Verlust des eigenen Lebens, für die Ehre des Hauses Habsburg zu schlagen.

Der Hauptmann Georg Paradeyser und einige seiner Offiziere sollten die Opfer dieser auf Durchhalten aufgebauten Politik sein. Paradeyser befehligte im Jahre 1600 die Festungen Kanischa und Babotsch in Südungarn, strategisch wichtige Punkte, die die Zugänge nach Graz und Wien sperren konnten. Im Sommer des Jahres 1600 griffen nun die Türken an, legten vor die Festungen starke Belagerungstruppen und schnitten diese vom Hinterland ab, während ihre tatarischen Hilfsvölker Vorstöße bis tief in die Steiermark und Kärnten unternahmen. Im Oktober 1600 war die Lage der Festungen hoffnungslos, die Vorräte gingen zu Ende, die Verwundeten konnten nicht mehr versorgt werden und am schlimmsten war, daß weit und breit kein Entsatz in Sicht kam. Es war Herbst, und Georg Paradeyser tat nun das Vernünftigste, was ein Kommandant in dieser hoffnungslosen Situation tun konnte: Er verhandelte mit den Türken und erreichte für sich und seine Männer am 8. Oktober 1600 freien Abzug, freilich unter der Zusicherung, die Festungen samt ihren Waffen unversehrt zu übergeben. Damit hatte der Hauptmann zwar das Leben vieler der ihm anvertrauten Soldaten gerettet und dem Reich eine dringend benötigte Truppe erhalten, sein eigenes Leben aber war damit verspielt.

Der Hofkriegsrat in Wien hatte nun die Person, an der er ein Exempel wegen Feigheit vor dem Feind statuieren konnte. Paradeyser und sein Fähnrich, der Hauptmann von Babotsch und dessen Fähnrich sowie der Regimentsschultheiß und ein Feldwebel wurden nach ihrer Rückkehr in Wien festgenommen und vor ein Kriegsgericht gestellt. Das Urteil war vorhersehbar und lautete auf Tod wegen Feigheit vor dem Feind. Und weil dies für die Bevölkerung und alle Soldaten und Offiziere der kaiserlichen Armee eine Warnung sein sollte, gönnte man den unglücklichen Offizieren keinen ehrenhaften Tod, wie er Soldaten zustand, sondern richtete sie wie gemeine Verbrecher auf den verschiedensten Plätzen und Straßen Wiens hin. Ein zeitgenössisches Flugblatt gibt uns die Geschehnisse des 19. Oktobers 1601 in all seiner Schrecklichkeit wieder. Dort heißt es in einer etwas verbesserten Version:

*Abriss der Execution des Scharfen Urtheils über die Personen, so Anno 1600. den 8 Octob: die Haupt-Vestung Canysha, so woll auch Babotsch./ dem Türken sowoll auff und übergeben haben. Geschehen zu Wienn in der Statt. den 19. Octobris Anno Domini 1601.*

*Nachdem das vergangene Jahr/ Die Hauptvestung Canysa war/*
*Desgleichen auch Babotsch gar mit Spott/*
*Aufgegeben ward ohne sonder Noth/*
*Den Türken von denen bereitt/ So drin gelegen zu der Zeitt/*
*Oberster ist Zu Canysa,/ Gewest, Herr Jörg Paradeyser da/*
*Welcher, Nachdem er wider Ehr./ Gethan, wurd er sampt anderen mehr/ Bevelchshabern, gestellet schlecht/*
*Für das Malefitz und Kriegsrecht./ Welchs gehalten ward, in Wien der Statt./ Das ihm nach lang erwogenem Rath./*
*Entlich zu einem Urtheil erkannt,/ Das erstlich ihm sein rechte Handt./ Hernach das Haupt sol werden baldt./*
*Abgehauen, Folgender gestallt./ Seim Fähnrich solle auch fürbas,/ Eben geschehen gleichermaß./*
*Dem Babotscher Hauptmann, und sein/*
*Fähnrich soll man Köpfen allein,/*
*Aber dem Regimentsschultheiss/ Von Canysa, soll auf die Weis/*
*Erstlich sein Zungen mit Gewalt/*
*Herausgerissen werden baldt./ Aus seinem Hals, und ferner noch/ Gehängt werden an Galgen hoch./ An welchen auch sein zung hernach/ Geheft soll werden ihm zur Schmach./*
*Der Feldwebel soll neben ihm/ Mit dem Strang gerichtet werden hin/ Solch schwere Execution,/ ist Vollzogen worden schon/ Auf dem Platz Am Hof in der Statt,/ Da dann Herr Paradeyser hatt./ Samt dem Hauptmann und Fähnrich eben/*
*Mit Klag' all vier geendet ihr Leben/*
*Den anderen zweien hatt man Zuhandt/*
*Anderswo am Graben genannt./ Auch allda gethan ihr Recht./*
*Und gehängt an einen Galgen schlecht./*

*Und allda hängen lassen drey Tag./ Doch wieder herab genommen hernach./Und begraben schlecht zumall./Gott er woll dieser Seelen all./Im künftigen Gericht allein./ Gnädig und Barmherzig sein.*

Militärisch bewirkt hat der grausame Justizmord aus Gründen der Staatsräson an Hauptmann Georg Paradeyser und seinen Offizieren so gut wie nichts, der Krieg schleppte sich weiter lustlos hin bis zum Jahre 1606, als endlich in Zsitva-Török Friede geschlossen wurde. Die Richter des Hofkriegsrates hatten zu dieser Zeit den unglücklichen Kommandanten von Kanischa und Babotsch wohl längst vergessen, manch alter Soldat aber, der dem Feind mutig über die Wälle der Festungen entgegensah, wird sich an ihn als einen jener Männer erinnert haben, der selbst im Krieg die Vernunft dem blinden Gehorsam bis zum „Heldentod" vorgezogen hatte.

# Joachim Engelberger 1642

Es gibt Kriminalfälle, von denen nichts bleibt als ein ferner Abglanz der Erinnerung. Vielleicht besteht diese aus einem vergessenen, in ein altes Buch eingelegten Schriftstück, aus einer Notiz in einem Tagebuch oder aus der Beschreibung einer längst verlorengegangenen Wandtafel.

Eine solche hing lange Jahre an der Außenseite der Schranne am Hohen Markt und berichtete vom traurigen Schicksal des Juden Joachim Engelberger. Die Tafeln sind längst verschwunden wie auch die Akten des Falles, nur in alten Beschreibungen hat sich der Text erhalten und läßt uns vor allem die menschliche Tragödie erahnen, die sich hinter den wenigen Zeilen verbarg. Der Text der Wandtafel lautete in etwas verbessertem Original:

*Anno 1642. 26. August ist Joachim Engelberger, ein jüdischer Rabbiner in Böhmen, zu Rackoniz getauft und als ein Christ Ferdinand Frantz genannt, hernach mit zwei Juden in Diebstahl ertappt und zum Strang verdammt, ist nach verlesenem Urteil vor dem sitzenden Gericht und allem Volk von Christus zu der Judenschaft wiederum abgefallen und hat das Heilige Kruzifix grimmiglich zur Erde geworfen, die Heilige Dreifaltigkeit und das Heilige Sakrament des Altars grausamlich gelästert, sogar dasselbe aus seinem Mund abscheulich vertilgen wollen.*

Dies ist der erste Teil der Tafel, und er läßt uns tief in die damalige Zeit blicken. Was mag wohl einen Rabbiner in Böhmen dazu gebracht haben, sich taufen zu lassen? Sicher nicht nur die Verlockungen eines Lebens als Christ, der Schutz, den die Konvertierung zur allmächtigen Staatsreligion bot. Es muß ein wirklich triftiger Grund gewesen sein, der ihn dazu veranlaßte, seinem Gott den Rücken zu kehren und eine andere Religion anzunehmen. Aber offensichtlich bewirkte die Taufe nicht das, was er sich erhofft hatte, nicht die Geborgenheit in der neuen Religion, die Anerkennung unter seinen Mitchristen oder finanziellen Wohlstand, denn wäre er sonst wieder mit zwei Juden beisammen gewesen, als man ihn beim Stehlen ertappte? Und welche Verzweiflung und welche Angst vor dem Urteil im Jenseits muß ihn beherrscht haben, daß er sich im Angesicht des Todes wieder zum Gott seiner Väter bekannte! Es muß Fürchterliches in diesem Joachim Engelberger vor sich gegangen sein, denn seine bühnenreife „Vorstellung" vor Gericht war wohl der verzweifelte Versuch, sich selbst und seinem Gott nur ja deutlich zu machen, daß er nun wieder zur Judenschaft gerechnet werden möchte.

Die Justiz des Jahres 1642 hatte für die seelischen Probleme des Joachim Engelberger jedoch kein Verständnis. Man konnte zwar vom Judentum zum Christentum konvertieren, umgekehrt galt dies aber als die pure Ketzerei, und am ärgsten war es, wenn schon einmal getaufte Christen sich wieder in Heiden verwandelten, noch dazu unter Beleidigung von allem, was einem gottesfürchtigen Wiener an seiner Religion lieb und teuer war.

Die Strafe für den abgefallenen Christen sollte fürchterlich sein, und darüber gibt uns der zweite Teil der Tafel Auskunft:

*Daher er von Neuem ins Gefängnis geführt, wohl examiniert und mit gerechtem Urteil verdammt, und Kraft desselben auf 4 Plätzen zweimal mit glühenden Zangen gezwickt, zweimal Riemen aus dem Rücken gerissen und dann auf die Richtstatt auf der Gänseweide geschleift. Ihm die rechte Hand abgehauen und die Zunge aus dem Rachen gerissen, sodann an den Füßen aufgehängt, lebendig verbrannt, und die Asche in die Donau gestreut worden. Andern Seinesgleichen zur Abscheu und zur Vertilgung seiner Gedächtnis, Gott aber zur Vermehrung seiner Glorie und Ehre.*

Wie gesagt, ein „Verbrechen", ein Urteil und eine Hinrichtung, von der uns nur die kalten, unpersönlichen Worte auf einer Steintafel erzählten. Für die Menschen damals ein notwendiges Zeichen ihrer Religion und ihrem Gerechtigkeitssinn gegenüber, eine Tat im Namen Gottes „zur Vermehrung seiner Glorie und Ehre". Joachim Engelberger ist längst aus dem Gedächtnis der Wiener verschwunden, dennoch rührt uns sein Schicksal heute noch und läßt uns nachdenken über Schuld und Sühne, über religiösen Fanatismus und Toleranz.

# *Franz Zahlheimer 1786*

Die Elendbastei war nicht gerade der vornehmste Wohnort in Wien. Wie viele andere Basteien hatte man dieses alte Bollwerk, das 1683 so erfolgreich den anstürmenden Türken getrotzt hatte, mit kleinen Häuschen bebaut, um die Wohnungsnot in der überquellenden Stadt, in der zu dieser Zeit auch der junge Mozart mit seiner Familie von einer Wohnung in die andere zog, ein wenig zu lindern.

In einem dieser Häuser fand am 1. Februar 1786 Josepha Ambrokin, eine 50jährige ehemalige Dienstmagd, die vor einigen Jahren den Dienst wegen ihrer schlechten Augen quittieren mußte und nun mit den Ersparnissen eines arbeitsreichen Lebens und ein wenig Prostitution ihr Auskommen finden mußte, ihr grausames Ende. Sie war eine lebenslustige Frau, die Josepha, und seit über acht Jahren pflegte sie einen mehr als freundschaftlichen Umgang mit einem netten, jungen Herrn: dem 33jährigen Franz Paula von Zahlheimer. Sogar vom Heiraten wurde schon gesprochen, jedenfalls von ihr. Zahlheimer aber steckte in Schwierigkeiten. Obwohl angestellter Beamter des Wiener Magistrates mit einem Jahresgehalt von 400 Gulden, hatte er es geschafft, Schulden in der Höhe von 1600 Gulden zu machen, und die Gläubiger wurden nun jeden Tag lästiger und zudringlicher. Als Ausweg hätte er ja die Josepha heiraten können, aber so begehrenswert das Geld auch war, das sie besaß, zu diesem Schritt konnte er sich doch nicht entschließen.

Zahlheimer denkt daher an Diebstahl. Bei einer günstigen Gelegenheit entwendet er der Ambrokin den Zimmerschlüssel zu ihrer am Salzgries gelegenen Wohnung und beginnt zu stöbern. Was er hier in den Truhen und Kästen findet, stellt ihn zufrieden: 1700 Gulden in Bankobligationen und 140 Gulden in silbernen Zwanzigern fallen ihm in die Hände, ein Vermögen, wenn man bedenkt, daß der zur selben Zeit in Wien lebende Wolfgang Amadeus Mozart für eine Klavierstunde gerade einen halben Gulden bekommt. Mit diesem

Geld beginnt er nun, seine Schulden zu bezahlen, aber auch wieder ein fröhliches Leben zu führen, mit Hendl und Wein, die er sich gleich am ersten Tag seines neuen Reichtums kommen läßt. Inzwischen hat aber auch die Josepha bemerkt, daß es ihrem jungen Galan mehr um das Geld als um ihre Hand gegangen sein muß. Wutentbrannt sucht sie ihn in seinem Haus auf, aber mit Schmeicheleien gelingt es ihm, sie zu besänftigen, und er bittet sie auch, ihm beim Aufräumen des Dachbodens zu helfen. Kaum hat sie sich aber vor einer großen Truhe niedergekniet, schlägt ihr Zahlheimer zweimal mit einem großen, scharfen Messer gegen den Hals, worauf sie „... noch zwei Zucker gemacht habe und augenblicklich todt gewesen sey." Der Mörder stopft sein Opfer nun in aller Seelenruhe in die Truhe, verschließt sie und geht aus ... zum Speisen.

Nach einigen Tagen wird aber Anna, die Schwester der skrupellos Ermordeten, unruhig. Zwar versteht sie sich mit ihrer Schwester nicht gut, aber daß die sich seit einer Woche nicht mehr meldet und auch nie zu Hause ist? Man beschließt die Wohnung aufzubrechen, um Nachschau zu halten, und bemerkt bald, daß das ganze Geld verschwunden ist. Nun fragt man den Franz Zahlheimer, ob er was von Josepha wüßte, aber der gibt nur die Nachricht, die Josepha sei für länger weg und habe die Schwester gebeten, sich um die Wohnung zu kümmern.

Jetzt reicht es der Anna. Sie geht zum Magistrat und zeigt Zahlheimer mit dem Verdacht an, er könne etwas mit dem Verschwinden von Josepha zu tun haben. Man lädt Zahlheimer vor, und nach einigen Stunden Verhör – man hat inzwischen in Erfahrung gebracht, daß er auf einmal wieder sehr viel Geld besitzt – gesteht er die Tat und führt die Beamten auf den Dachboden mit der Truhe, in der seit vierzehn Tagen die Leiche der unglücklichen Josepha Ambrokin steckt.

Der Prozeß ist nur kurz, zu eindeutig sind die Beweise, und bereits am 6. März 1786 wird das Urteil verkündet, und nun geht ein Raunen durch Wien. Nach vielen Jahren der Herrschaft Kaiser Josephs II. gibt es wieder eine Hinrichtung, und was für eine: Stockstreiche, mit glühenden Zangen in die Brust gezwickt und dann gerädert, noch dazu von unten herauf, was länger dauert und dem Delinquenten unglaubliche Qualen verursacht. Joseph II., sonst ganz ein Jünger der

Aufklärung, glaubte zu jener Zeit wieder einmal ein Exempel statuieren zu müssen, nachdem die Kriminalität in Wien in den letzten Jahren zugenommen hatte und Kritik an seinen Reformen des Gerichts- und Gefängniswesens laut geworden war.

Beim Rädern wird der Verurteilte auf den Boden gelegt, und unter seine Gliedmaßen kommen kleine dreieckige Holzkeile, so daß sie ein wenig vom Boden abgehoben sind. Dann nimmt der Henker ein großes Wagenrad, welches an der Unterseite eine scharfe Schneide angebracht hat, läßt es auf die Gliedmaßen genau auf die Stellen zwischen den Holzkeilen fallen und bricht damit dem Delinquenten die Knochen. Ähnlich verfährt man dann mit Brustkorb, Hals und Wirbelsäule.

Beim „Von-unten-herauf-Rädern" beginnt man mit den Beinen, beim „Von-oben-hinunter-Rädern" mit dem Hals, was zumindest für den Verurteilten eine wesentliche Verkürzung des Verfahrens und seiner Leiden bedeutet. Zum Schluß wird der zerschlagene Körper auf das Rad gebunden und dieses auf eine hohe Stange gesetzt, der Körper des Toten bleibt den Raben zum Fraß.

Am 10. März 1786 richtete man Franz Paula von Zahlheimer in dieser Art und Weise hin, wobei die grausamen Vorschriften „... in allem und jedem befolgt" worden wären, wie der Vizebürgermeister von Wien dem Kaiser pflichtgetreu meldete.

Die Grausamkeit dieser Hinrichtung schreckte jedoch selbst das einfache Volk ab, zu sehr hatten die Ideen der Aufklärung bereits Platz gegriffen. Zahlheimer war der letzte, der sein Ende auf dem Rad fand, die Zukunft forderte auch vom österreichischen Strafvollzug „humanere" Methoden. Das Rad aber, auf dem der Mörder der leichtlebigen Josepha Ambrokin sein Leben aushauchte, kam ins Museum und vermittelt heute noch den Besuchern einen Eindruck von der Fragwürdigkeit der „guten alten Zeit".

# *Fanny Arnstein 1795*

Unter dem Datum 24. Dezember 1795 findet sich im Totenprotokoll der Stadt Wien eine sehr sonderbare Eintragung: *„Gestorben seine Hochfürstliche Gnaden der Hochgeborene Herr Karl, des Heiligen Römischen Reiches Fürst von und zu Liechtenstein und zu Nikolspurg, Herzog zu Troppau und Jaegerndorf in Schlesien, Graf zu Rittberg, k. u. k. wirklich Kämmerer, dann Herr der mährischen Herrschaft Krumau usw., in Wien, dreissig Jahre alt, im Karl Freiherrn von Wetzlarschen Haus, in der Teinfaltstraße Nr. 82, an einer Verwundung."*

Hinter diesen dürren Worten verbirgt sich eine mehrfache Tragödie, eine Liebesgeschichte, ein Hofskandal und das Ende einer steilen Karriere in Wien.

Dabei begann alles ganz harmlos: An einem Tag Anfang Dezember des Jahres 1795 hatte die damals in ganz Wien berühmte Fanny Arnstein, die Gemahlin des steinreichen Bankiers Franz Nathan Arnstein, beschlossen, das erst wenige Jahre zuvor errichtete Kärntnertortheater mit ihrem Besuch zu beehren. Fanny war eine Berühmtheit. Ihr Salon, ihr Jour fixe waren die Anziehungspunkte aller großen Geister der Stadt, sie selbst, obwohl schon eine Frau in den Dreißigern, galt als eine der herausragendsten Schönheiten von Wien. Kein Wunder also, daß es die Männer als Ehre empfanden, sie begleiten zu dürfen. An jenem verhängnisvollen Dezembertag hatte sich nun der junge Abbé und Domherr Friedrich von Weichs erbötig gemacht, ihr Begleiter und Beschützer zu sein.

Allerdings hatte Fanny noch einen weiteren glühenden Verehrer, den jungen Fürsten Karl von und zu Liechtenstein, und dieser sah Fanny gerade in dem Augenblick, als sie vor dem Portal des Kärntnertortheaters aus ihrer Sänfte steigen wollte. Galant wie immer bot er ihr sofort den Arm und kam damit natürlich dem Domherren Weichs in die Quere, der soeben in einer zweiten Sänfte ankam. Ein Wort gab das andere, und dann geschah das Unerhörte: Weichs gab

Liechtenstein eine Ohrfeige, daß es nur so knallte, in aller Öffentlichkeit und vor einer beträchtlichen Menschenmenge, die, angezogen von dem Lärm, amüsiert dem Streit zusah. Eine derartige Beleidigung durfte nach dem Ehrenkodex des Adels natürlich nicht unge-~~Liechtenstein eine Ohrfeige, daß es nur so knallte, in aller Öffentlichkeit und vor einer beträchtlichen Menschenmenge, die, angezogen von dem Lärm, amüsiert dem Streit zusah. Eine derartige Beleidigung durfte nach dem Ehrenkodex des Adels natürlich nicht unge-~~sühnt bleiben, und mit steinernem Gesicht forderte Karl von Liechtenstein den Domherren sofort zum Duell.

Bereits am nächsten Morgen traf man sich im Palais des Fürsten Orsini-Rosenberg, der sich gemeinsam mit dem Fürsten Wenzel von Liechtenstein bereit erklärt hatte, als Sekundant zu fungieren. Weichs hatte als Geforderter die Wahl der Waffen, weil er aber ein guter Fechter war, schlug er aus Fairness Pistolen vor, was von Liechtenstein, ebenfalls aus Fairness natürlich, abgelehnt wurde. Der Waffengang mit dem Degen war kurz. Weichs verwundete den Fürsten zunächst am Arm, aber das Blut, das aus der Wunde floß, schien den Sekundanten noch zu wenig, um die erlittene Schmach abzuwaschen. Ein zweiter Waffengang wurde gefordert, und nun traf der Domherr besser, mit einem wuchtigen Stoß durchbohrte er Liechtensteins Lunge. Zwar brachte man den Fürsten noch lebend nach Hause, einige Tage später erlag er aber seiner schweren Verletzung.

Ein ungeheurer Skandal war die Folge. Weichs kam für zwei Jahre in das berüchtigte Gefängnis auf dem Spielberg bei Brünn, ging dann zum hessischen Militär und starb 1848 in Bonn als Generalleutnant. Graf Orsini-Rosenberg bekam ein halbes Jahr Haft, Fürst Wenzel Liechtenstein wurde nach Graz versetzt. Fanny Arnstein aber soll diese Tragödie wirklich zu Herzen gegangen sein. Bis zu ihrem Tode im Jahre 1818 soll sie sich an jedem Jahrestag des Duells in schwarze Trauergewänder gehüllt in ihrem Zimmer eingeschlossen haben. Auf ihren Wegen durch Wien hat sie sich nicht mehr begleiten lassen ...

# Theresia Kandl 1810

Die Frau auf dem Blutgerüst nahe der Spinnerin am Kreuz blickte verzweifelt rund um sich. Ihre als „kaiserblau" beschriebenen Augen durchsuchten die vieltausendköpfige Menge, die sich hier versammelt hatte, um an diesem 16. März 1810 dem Schauspiel ihres Todes zuzusehen, aber den einen, den sie sehen wollte, sah sie nicht, erkannte sie nicht. Denn der stand ganz knapp vor ihr, in der ersten Reihe, und trug seit wenigen Tagen die Uniform eines Kavalleristen und neben ihm standen 331 Mann, die genauso aussahen wie er. Selbst mit den scharfen Augen der Todesangst entdeckte Theresia Kandl, genannt die „Greißlerin vom Hungelgrund", ihren Exgeliebten Michael Pellmann hier nicht mehr.

Begonnen hatte alles vier Monate früher, am 20. Dezember 1809, als eine aufgeregte Fußgängerin der Polizei meldete, daß „... in der Piaristengasse an der Mauer beym Tempel eine Mannsperson erschlagen und der Kleydung beraubt worden seye ..." Der Polizeikommissar Seißer begab sich daraufhin sofort an den Ort des Verbrechens – und hatte größte Schwierigkeiten, die Leiche zu finden, denn die hatte man inzwischen nach Matzleinsdorf gebracht und – ein glücklicher Zufall – dort auch schon identifiziert: Das Opfer, der Greißler Matthias Kandl, hatte gleich nebenan gelebt, am Hungelgrund, jenem Teil des Bezirkes Wieden, der damals an den Linienwall grenzte. Für die Polizei war klar, daß Kandl einem Raubmörder in die Hände gefallen sein mußte, der sein Opfer, das angeblich an diesem Abend „150 Gulden in Bancozetteln und eine Uhr bei sich hatte sowie gute Kleidung" trug, mit zehn wuchtigen Hieben getötet hatte. Man sprach seiner Witwe, der 23jährigen Theresia Kandl, das Beileid aus und hielt den Fall im übrigen für erledigt.

Umso erstaunter war Seißer, als ihn am nächsten Tag der Heiligenstädter Bäckermeister Josef Werner aufsuchte und ihm von einem Verhältnis der Theresia Kandl zu einem Fleischhauerssohn erzählte.

Porträt von Fanny Arnstein (1758–1818). In ihrem Salon traf sich die führende Wiener Gesellschaft.

Karl Fürst von Liechtenstein (1765–1795) wurde seine Leidenschaft für Fanny Arnstein zum Verhängnis.

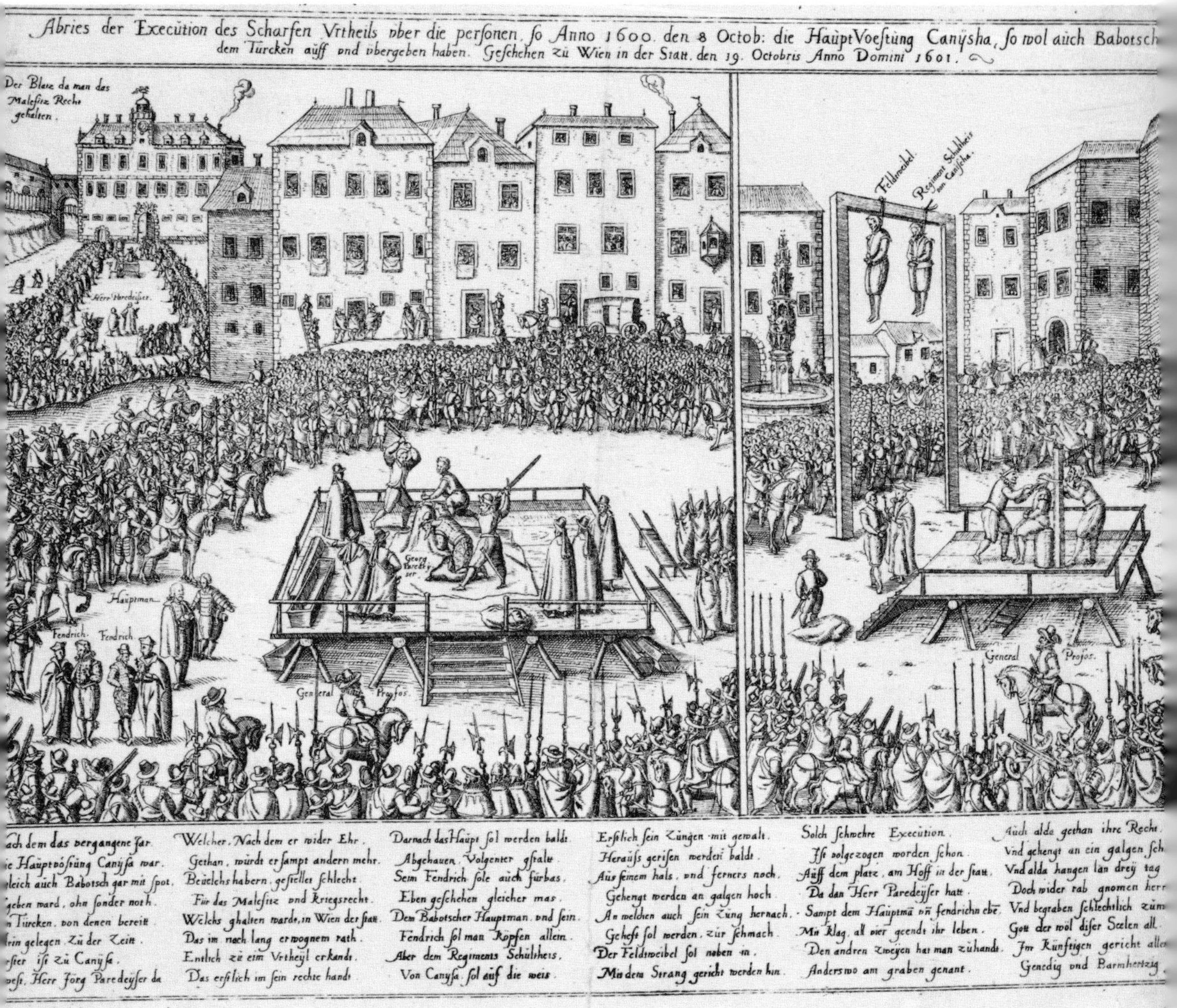


Hinrichtung des Hauptmanns Georg Paradeyser und seiner Offiziere am 19. Oktober 1601.

Der jüdische Rabbiner Joachim Engelberger kehrte nach seiner Konvertierung zum Christentum zum Glauben seiner Väter zurück und erlitt dafür auf grausame Weise die Todesstrafe.

# Todesurtheil

einer ledigen Mannsperson,

Namens

# Franz Z.

33 Jahre alt,

allhier in Wien gebürtig,

und

katholischer Religion,

welches

über die bey dem allhiesigen Magistrat der k. k. Haupt- und Residenzstadt Wien wider ihn wegen Diebstahls, und Meuchelmords abgeführte peinliche Verfahrung zu Folge der hierüber geschöpft- und ergangenen allerhöchsten Entschliessung an ihm dem zu Ende angeführten Inhalt gemäß heut den 10. März 1786 allhier in Wien vollzogen worden ist.

Zeitgenössisches Porträt des legendären Räubers Johann Georg Grasel (1790–1818).

Die Räuber Johann Georg Grasel, Jakob Fähding und Ignaz Stangl auf der „Ausstellbühne“ knapp vor ihrer Hinrichtung am 31. Jänner 1818.

Der Kriegsminister Graf Theodore Baillet-Latour (1780–1848).

Am 6. Oktober 1848 fällt Graf Latour der Lynchjustiz eines aufgebrachten Pöbels zum Opfer.

Die Hinrichtung der mutmaßlichen Mörder Latours.

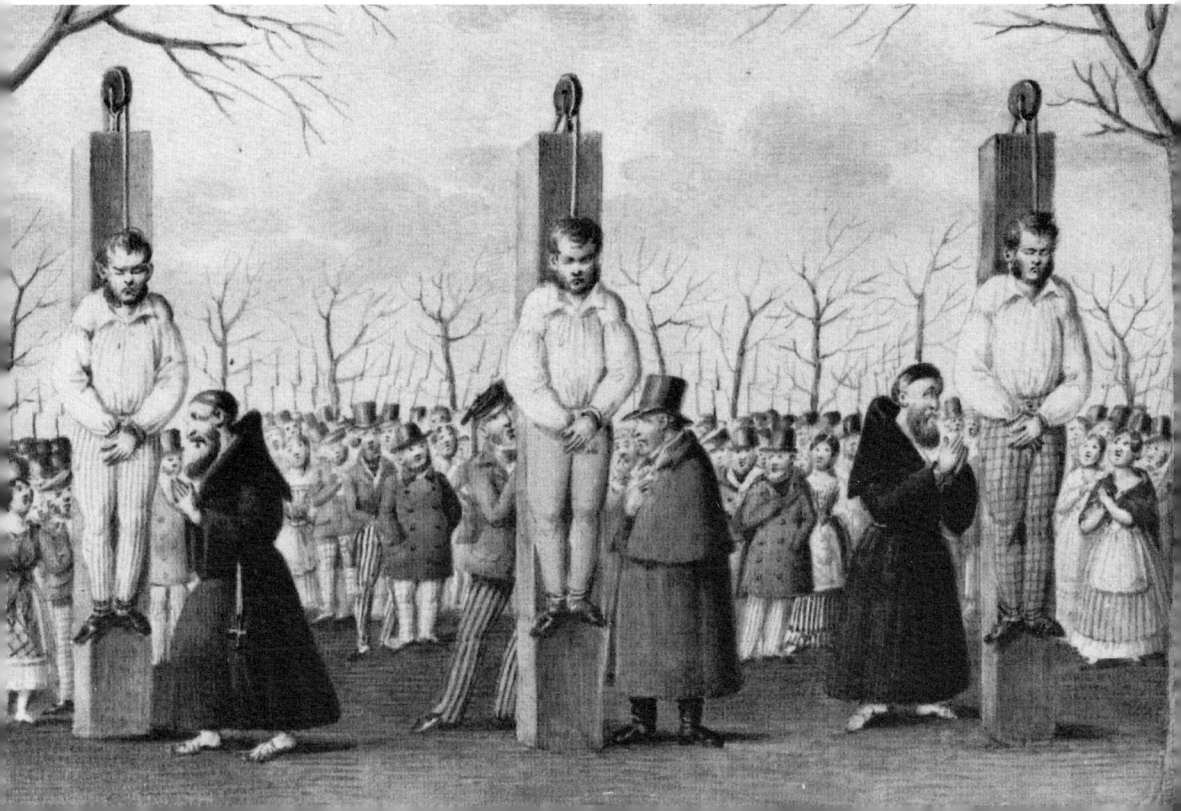

Das Attentat auf Kaiser Franz Joseph durch den Ungarn Johann Libenyi am 18. Februar 1853.

rechts
Der Raubmörder Enrico von Francesconi.

daneben
Sein Opfer, der Geldbriefträger Johann Guga.

rechts oben
Der Raubmörder Severin von Jaroschinsky im Aussetzstübchen am Morgen vor seiner Hinrichtung.

Die Verhaftung des „Anarchisten“ Anton Kammerer am 28. Februar 1884. Zeitgenössische Xylographie.

Der Bäcker äußerte zudem den Verdacht, die beiden könnten den Greißler, der 25 Jahre älter war als seine Frau und als brutaler und unbeherrschter Mensch galt, der seine Frau auch oft schlug, aus dem Weg geräumt haben.

Seißer veranlaßte nun zwei Dinge: Zum einen wurde der Geliebte der Kandl, Michael Pellmann, gesucht und verhaftet, zum anderen erfolgte nun eine gründliche Durchsuchung der Kandlschen Wohnung am Hungelgrund. Und tatsächlich fand sich hier der blutige Anzug des Matthias Kandl, Bettstatt, Tuchent, Polster, alles war voll Blut. Aus diesen Indizien konnte nur ein Schluß gezogen werden: Kandl hatte hier sein Leben ausgehaucht, aber wer hatte den Leichnam von der Wieden in die Piaristengasse geschleppt? Dies vermochte nach Ansicht der Polizei nur ein kräftiger Mann gewesen zu sein, also verhörte man Pellmann, der aber ein einwandfreies Alibi anbieten konnte. Erst das darauffolgende Verhör von Theresia Kandl brachte die Wahrheit ans Licht: Nachdem sie ihren Ehemann, der sie an diesem Abend wieder einmal mißhandelte, mit einer Hacke erschlagen hatte, packte sie ihren toten Mann, der immerhin 115 Kilogramm wog, in eine große Holzbutte, wie sie damals in den Greißlereien zum Befördern von Obst und Gemüse verwendet wurden, und schleppte ihn im dichten Schneetreiben durch die Straßen Wiens, bis ihr in der Piaristengasse die Beine nachgaben und sie den nun schon Steifgefrorenen einfach ablud.

Mitte Februar 1810 stand die „Kandlin", wie sie im Gerichtsprotokoll öfters genannt wird, vor Gericht, und dieses brauchte nur wenige Stunden, um das Urteil zu fällen: Tod durch den Strang, zu vollziehen am 16. März 1810. Und das bringt uns nun wieder zum Blutgericht bei der Spinnerin am Kreuz, wo Theresia Kandl vergeblich ein letztes Mal den Mann zu sehen versucht, dem zuliebe sie gemordet hat. Aber der war inzwischen beim Militär und seine Exgeliebte scheint ihm ziemlich egal gewesen zu sein, hätte er sonst nicht das ein um das andere Mal betont: „Wegen der hätt ich keinen umgebracht ... !"

# *Johann Georg Grasel 1818*

„Johann Georg Grasel, fälschlich auch Haller, Frey, Schönauer, Eigner und Kohl, insgemein aber der große Hansjörg, auch Niklo genannt ... 27 Jahre alt, ist nicht nur der Desertion und zahlreicher Diebstähle, desgleichen mehrerer, zum Theil schwerer Verwundungen schuldig ...“

So beginnt das Todesurteil gegen den berühmtesten österreichischen Räuber, der, kurz der „Grasel“ genannt, am Beginn des sonst als so gemütlich gepriesenen Biedermeiers das Waldviertel mit seinen Kumpanen und Spießgesellen unsicher machte.

Gemütlich hatte es Grasel in seiner Kindheit sicher nicht. Er war der Sohn eines aus der Dorfgemeinschaft Ausgestoßenen, des Schinders und Wasenmeisters von Neuserowitz, und als solcher bereits seit der Geburt gesellschaftlich deklassiert. Es ist übrigens auffallend, daß auch der berühmteste Räuber aus deutschen Landen, der gefürchtete „Schinderhannes“, aus diesem Milieu stammte. Hier scheinen sich doch zwei kriminelle Karrieren aus demselben sozialen Umfeld erklären zu lassen.

Zudem waren die Schinder und Abdecker stets allen „ehrlichen“ Personen suspekt, ein Relikt aus der mittelalterlichen Ehrenordnung, nach der alle Personen, sei es der Henker oder der Abdecker, die mit toten Lebewesen zu tun hatten, als unehrlich galten. Maria Theresia hatte sie zwar für ehrlich erklärt, aber was galt im finstersten Waldviertel das Wort der Kaiserin in Schönbrunn angesichts jahrhundertealter Bräuche und Ansichten.

Zudem waren die Zeiten unsicher. Grasel hat seine Haupt-„Heldentaten“ in der Zeit zwischen 1812 und 1815 vollbracht, als ganz Europa im Banne der Napoleonischen Kriege stand. In vielen Orten gab es nicht genug Militär oder Polizei, um die Sicherheit zu gewährleisten, so daß Recht und Gesetz nicht immer durchgesetzt werden konnten. Die kriegerischen Zeiten waren nicht zuletzt auch „schuld“

daran, daß Grasel in eine kriminelle Karriere abrutschte: Er wurde eines Tages für das Militär angeworben, das heißt zuerst war er mehr oder weniger von den Werbern in irgendeinem Dorfwirtshaus betrunken gemacht worden, und derart benommen hatte er dann seine drei Kreuze unter die Werbeliste gesetzt. Wieder nüchtern, erkannte er, wozu er sich verpflichtet hatte, nämlich zum Sterben auf einem der vielen Schlachtfelder Europas, und damit hatte Grasel wenig im Sinn. Kurzerhand desertierte er und machte sich in die Wälder des Waldviertels davon.

In den nächsten Jahren wurde er zum Schrecken des Waldviertels. Er ließ keine Möglichkeit aus, die das Räuberleben so bot: Er stieg nachts in einsame Bauernhäuser und Gasthäuser und folterte die Bewohner solange, bis sie ihm ihr Geldversteck verrieten, er überfiel allein oder mit seiner Bande einsame Reisende und Fuhrleute und ließ sie für immer verschwinden. Ob und wie viele Menschen er tatsächlich umgebracht hat, wird man nie erfahren, denn natürlich traten in seinem Gefolge dann viele auf, die ihre Bluttaten auf den Grasel schoben. Sicher ist nur, daß ihm 1814 die 66jährige Anna Maria Schindler in Zwettl starb, als er die Lage ihres Geldversteckes aus ihr herauspressen wollte. 1812 hatte er einen Totschlag an dem Wirt Michael Witzmann verübt, als ihn dieser bei einem Einbruch ertappte.

Insgesamt soll er 195 Straftaten in 123 niederösterreichischen Ortschaften begangen haben, ehe es der Polizei im fernen Wien nun doch zu bunt wurde und man sich überlegte, wie man des Grasels habhaft werden konnte. Leicht zu fangen war er sicher nicht. Im ganzen Waldviertel hatte er sich ein Netz von Verstecken und Unterschlupfen aufgebaut, teils bei Hehlern, teils bei anderen Schindern oder auch in Höhlen, deren berühmteste heute noch nahe dem Wallfahrtsort Maria Dreieichen dem touristischen Publikum gezeigt wird.

Ende des Jahres 1815 war die große Welt außerhalb des Waldviertels wieder friedlich und am Wiener Kongreß neu geordnet worden, Napoleon saß für immer auf St. Helena, und nun hatte Kaiser Franz I. Zeit, sich auch mit den drängenden Sorgen seiner Untertanen zu beschäftigen, und er gab den Auftrag, den Grasel einzufangen.

Nun gut, wird sich der Wiener Polizeichef Ritter von Sieber gedacht haben, leicht ist diese Aufgabe nicht, aber setzen wir auf die

Habgier der Menschen, und stellen wir daher eine hohe Belohnung in Aussicht: Steckbriefe wurden im ganzen Waldviertel verteilt, die Belohnung auf unfaßbare 4000 Gulden, ein Vermögen für die damalige Zeit, festgesetzt.

Wie so manchem anderen Räuber wurde schließlich auch Grasel eine Frau zum Verhängnis. Seine Geliebte saß zu diesem Zeitpunkt im Gefängnis, und dort erschlich sich ein gewisser „Loisl", der in Wirklichkeit David Mayer hieß, aus Brünn war und als Beruf Bierbrauer und Geheimpolizist angab, ihr Vertrauen, und sie brachte ihn tatsächlich mit Grasel zusammen. Dem gefiel der Loisl, und als dieser ihm den verlockenden Vorschlag machte, gemeinsam eine Fabrik in Lettowitz wegen der dort reichlichen Lohngelder zu überfallen, willigte Grasel gerne ein. Dies auch umso mehr, als ihm im Waldviertel der Boden allmählich zu heiß wurde und er sein Betätigungsfeld gerne in andere Landstriche verlegen wollte.

Auf der Reise nach Lettowitz im Frühjahr 1816 gelang es Mayer dann, dem Grasel ein Schlafpulver in den Kaffee zu schütten, und bei der Abendrast in einem kleinen Ort namens Mörtersdorf wurde Grasel, der ziemlich verwirrt und apathisch gewesen sein soll, von Bauern festgenommen und mit einer Militäreskorte nach Wien geschickt.

In Wien bekam Grasel einen großen Empfang, die Nachricht von seiner Gefangennahme hatte sich in Windeseile verbreitet und Tausende Wiener standen voll Erwartung bei der Taborbrücke, um den berühmten Räuberhauptmann zu sehen.

In Wien kommt es nun in der Folge zu Streitigkeiten zwischen dem Zivilgericht und den Militärbehörden um das Recht, den Prozeß gegen Grasel führen zu dürfen. Letztendlich setzt sich das Militär mit dem Argument durch, daß die Desertation seine erste Straftat gewesen sei und er alle weiteren als flüchtiger Deserteur vollbracht habe.

Am 28. Jänner 1818 wird Grasel mit seinen später gefaßten Komplizen Jakob Fähding, genannt „Gams", und Ignatz Stangl, genannt „Natzl", zum Tode verurteilt und am 31. Jänner 1818 am Glacis vor dem Neutor, also etwa dort wo sich heute die Roßauer-Kaserne befindet, gehängt. Die letzten Worte des 27jährigen zeigen, daß er im Grunde seines Herzens auch als gefährlicher Räuber ein einfaches Landkind geblieben war: „Jö schau", soll er zu seinen Mitdelinquenten gesagt haben, „die vielen Leut ...".

# Severin von Jaroschinsky 1827

Es war ein denkwürdiges Diner, das der Graf Severin von Jaroschinsky, Fürst von Moghilow und Träger des russischen St. Anna-Ordens am 16. Februar 1827 in seiner Wohnung im Trattnerhof am Graben gab. Seine gute Freundin, manche sagen auch Geliebte, die bekannte Wiener Volksschauspielerin Therese Krones, war anwesend sowie einige Herren der russischen Gesandtschaft. Und obwohl das Essen, daß der Traitteur Wittmann um 5 Gulden pro Person geliefert hatte, ausgezeichnet schmeckte, wollte sich offensichtlich beim Gastgeber keine gute Laune einstellen. Therese Krones versuchte es mit Musik und sang ihm ihre Paraderolle vor: „Brüderlein fein" aus Ferdinand Raimunds „Der Bauer als Millionär". Jedoch vergeblich – bei der Strophe „Einmal muß geschieden sein" wurde der Graf noch ernster, ja fast böse und zog sich mit seiner Tabakspfeife in ein Nebenzimmer zurück. Aus diesem hörten die verdutzten Gäste dann bald eine erregte Diskussion, und als man neugierig auf die Ursache des Lärms nachsehen ging, erlebte man die größte Überraschung dieses seltsamen Abends: Eben hatten Polizisten Jaroschinsky die Hände mit Stricken auf den Rücken gefesselt und machten Anstalten, ihn abzutransportieren. Ungläubig starrte die Gästeschar auf das wüste Geschehen, den Grund dafür erfuhr man erst später: Die Anklage lautete auf Raubmord an dem allseits bekannten und geachteten Abbé Plank, begangen am 13. Februar zu Wien.

Jaroschinsky hatte an diesem Tag seinen ehemaligen Lehrer am bekannten Flebanischen Institut in Wien aufgesucht, um sich von ihm Staatsschuldobligationen zeigen zu lassen. Er hatte vorgegeben, selbst solche kaufen und sich dabei nicht übervorteilen lassen zu wollen. Als ihm der Abbé solche im Wert von 60.000 Gulden vorlegte, zog Jaroschinsky plötzlich ein langes, scharf geschliffenes Küchenmesser aus einer Rocktasche und stach den alten Mann in den Hinterkopf. Der Abbé stürzte zu Boden, und der Graf versetzte ihm noch einige tödliche Hiebe, dann raffte er die Obligationen zusammen und verschwand.

Aber Severin von Jaroschinsky hatte zu viele Fehler gemacht: Der Abbé hatte seine Obligationen nicht auf der Bank aufbewahrt, sondern bei einem Freund, einem k. k. Kammerdiener, und diesem hatte er erzählt, er benötige sie, weil er sie einem polnischen Grafen zeigen wolle. Und Jaroschinsky, der vor dem Mord wieder einmal völlig mittellos gewesen war, hatte die Tage danach ziemlich gedankenlos auf großem Fuß gelebt, eine Kutsche gekauft und seine Schulden bezahlt. Er mußte dazu die Obligationen umwechseln, und dies tat er unvorsichtigerweise in einer Bank, in der er persönlich bekannt war. Kein Wunder also, daß die Polizei nicht lange brauchte, um ihm auf die Spur zu kommen und ihn nur drei Tage nach der Bluttat verhaften konnte.

Wer war aber nun dieser Adelige, Träger eines großen Namens in seiner Heimat und Held mit einer ganzen Brust voller Orden? Severin von Jaroschinsky war Pole, nur daß Polen seit der letzten Teilung von 1795 nicht mehr existierte und er sich als Russe bezeichnen mußte. Erzogen wurde er in Wien am Flebanischen Institut am Hohen Markt, wo auch Abbé Plank einer seiner Lehrer war. Nach seinen Studien kehrte er nach Rußland zurück, diente im Militär und dann im Zivilstaatsdienst. Seine große Leidenschaft, das Kartenspiel, ruinierte jedoch seine Ehe, seine Karriere und schließlich auch seine Finanzen. Zu guter Letzt unterschlug er auch noch Staatsgelder und mußte nach Wien fliehen.

Auch hier warf er tagsüber mit dem Geld nur so um sich, während er des Nachts versuchte, am Kartentisch seine Finanzen wieder aufzubessern, meist jedoch umsonst. Nach kurzer Zeit neuerlich bankrott, begann Jaroschinsky auf Schulden zu leben, aber Ende des Jahres 1826 wußte auch er nicht mehr ein noch aus. Dabei war er ein freigiebiger Mensch, seine letzten zehn Gulden schenkte er einer Bittstellerin, die damit Schulbücher für ihren Sohn kaufen wollte. In dieser Situation faßte er am 9. Februar 1827 den furchtbaren Entschluß, seinen ehemaligen Lehrer, den Abbé Plank, zu töten und zu berauben. 18 Tage später, am 27. August 1827, wurde Severin von Jaroschinsky im Gerichtsgebäude am Hohen Markt zum Tode durch den Strang verurteilt. Er nimmt das Urteil gefaßt entgegen, aber als er hört, daß er nun eine Stunde lang auf der Schandbühne vor dem Publikum stehen müsse, ist es um seine Fassung geschehen. Das Wetter ist miserabel, und es regnet in Strömen, als Severin von Jaroschinsky den kleinen Balkon betritt und eine Stunde lang dem Gaffen der Menge preisgegeben ist. „Es ist schlimmer als der Tod" soll er später zu seinen Wächtern über diese Prozedur, die das Gesetz so vorschrieb, gesagt haben.

Interessant sind die Aufzeichnungen über die letzten Stunden und die Hinrichtung Jaroschinskys, die uns in den Memoiren des Seelsorgers des Wiener k. k. Provinzialstrafhauses, Philipp Jakob Münnich, erhalten geblieben sind. Der Pater speiste mit ihm zu Abend und verbrachte die letzte Nacht mit ihm im Gespräch, wobei sich Jaroschinsky genau über die Modalitäten des Hängens bei Münnich erkundigte. Am frühen Morgen beichtete er und schlug sich nach Empfang der Kommunion dreimal mit solcher Andacht an die Brust, daß alle zu Tränen gerührt wurden. Dann begann wieder das Warten im „Aussetzzimmer", der Todeszelle. Um Punkt sieben klopfte es dumpf an der Türe, und der Gerichtskommissär trat ein. „Lieber von Jaroschinsky", sprach er, „die Stunde hat geschlagen." Jaroschinsky wurde leichenblaß und ließ sich einen Schnaps bringen, den er in einem Zug hinunterstürzte. Als er das Glas am Tisch abstellte, tat er dies so heftig, daß es ihm in der Hand zerbrach. „Ich werde ihnen zeigen, daß ich standhaft bin", sagte er, aber als er die ungeheure Menschenmenge sah, die die Straßen zum Richtplatz bei der Spinnerin am Kreuze säumte, war es mit seiner Fassung vorbei, und er verfiel vor Entsetzen in eine sonderbare Starre. Er stammelte nur mehr, Speichel floß aus seinem Mund, er bekam keine Luft und warf sein Halstuch weg. Dabei hoffte er noch immer auf Begnadigung, und in jedem Reiter und jedem Wagen den er sah, vermutete er den Überbringer seines Gnadenerlasses.

Münnich erzählt weiter: *„Als er schon unter dem Galgen stand und die Henkersknechte ihn anfaßten, um ihn zu binden, rief er ‚Meinen Geistlichen' und wand sich aus den Händen der Henkersknechte, schwankte aber im Gehen und stieß heftig an die Galgensäule, die er aus Angst nicht sah. Ich sprach ihm Mut zu und munterte ihn zur Geduld auf. Er faßte sich, stellte sich in die Mitte des Galgens, ließ sich geduldig binden und sagte: ‚Ich bitte Sie, machen Sie geschwind.' Ich war an der linken Seite des Galgens, als er aufgezogen wurde. Ich* *dachte nun über die an das Volk zu haltende Rede, ich war davon ganz begeistert. Ich sah in die Höhe, von Jaroschinsky hatte den Strick um den Hals. Der Henker winkte seinen Knechten, die hinter dem Galgen ließen nach, die unter dem Galgen zogen an. Von Jaroschinsky war tot.*"

Pater Münnich kam mit seiner Rede, die ihn so begeistert hatte, nicht weit, weil es zu regnen begann. Für die 20.000 Zuseher, die gekommen waren, um einen leibhaftigen Grafen hängen zu sehen, war der Hauptspaß ohnehin vorbei, und sie gerieten in Bewegung und Unruhe und drängten nach Hause.

Severin von Jaroschinsky blieb den Wienern aber weniger als Mörder des Abbé Plank in Erinnerung, sondern vielmehr als Freund der Therese Krones, die noch lange Zeit danach von vielen wegen dieser Affäre mit scheelen Blicken angesehen wurde und bei ihrem ersten öffentlichen Auftreten nach der Hinrichtung des Grafen vom Publikum ausgezischt wurde.

# Karl Feid 1842

Am 18. Januar 1842 traf in der Wiener Polizeidirektion, die sich damals auf dem Petersplatz befand, ein seltsamer anonymer Brief ein. „Von Gewissensqualen gemartert", stand darin, „schreibe ich diesen Brief. Die Gerüchte, welche über den Tod des Knaben im Stadtgraben kursieren, sind leider nur zu sehr begründet ... Sie wissen sicher, welche Verworfene die Löwel- und Mölkerbastei des Abends bevölkern. Ich hatte leider das Angebot eines Unbekannten angenommen. Der Knabe aber fürchtete sich vor mir und lief zu jenem Unbekannten, mit dem er erschienen, zurück ... Ich hörte hinter mir nur noch heftig schimpfen, dann einen Schrei und endlich einen dumpfen Fall ..." Der Brief endete mit den Worten: „Suchen Sie mich nicht, denn ich verlasse gleichzeitig die Stadt, um mich in die Welt zu schlagen und das Schreckliche zu vergessen."

Die Polizei brauchte nicht lange, um zwischen diesem Brief und einem der aufsehenerregensten Todesfälle der letzten Zeit in Wien eine Beziehung herzustellen. Nur vier Tage vorher hatte spätabends ein Finanzwächter einen schwerverletzten, sterbenden Knaben im Stadtgraben zwischen Mölker- und Löwelbastei, etwa an der Stelle, an der heute das Café Landtmann steht, gefunden. Dieser war bald darauf im Allgemeinen Krankenhaus an seinen schweren Kopfverletzungen gestorben. Die gebrochene Mutter, die man am nächsten Tage ausforschen konnte, gab an, daß an diesem Abend ihr Bruder Karl Feid den Knaben zu einem Spaziergang abgeholt hätte und sie danach beide nicht mehr gesehen habe. Außerdem stellte sie fest, daß der Mantel des Knaben fehlte.

Der Brief wies der Polizei den richtigen Weg, nämlich in das Homosexuellenmilieu des alten Wien. Homosexualität galt im 19. Jahrhundert als widernatürlich und blühte, da mit strengen Strafen belegt, in Wien nur im Verborgenen, wenngleich selbst hohe und höchste Herrschaften, ja sogar Angehörige des Kaiserhauses zu den

Homosexuellen zu zählen waren. Offensichtlich hatte Karl Feid versucht, seinen achtjährigen Neffen auf der Mölkerbastei an einen Mann zu verkuppeln, der erschreckte Knabe rannte jedoch davon und stürzte über die Stadtmauer, die hier neun Klafter und vier Schuh (etwa 15 Meter) hoch war, in den Tod.

Sofort machte man sich auf die Suche nach Karl Feid und fand ihn wenige Tage später bei einem „Branntweiner“. In einem ersten Verhör stellte sich durch die geschickten Fragen der Beamten bald heraus, daß der „Unglücksfall“ eigentlich ein Mord war. Der Knabe hatte gedroht, das Vorgefallene seinem Vater zu erzählen, worauf ihn Feid ergriff und in hohem Bogen über die Mauer warf. Den Mantel, den er dem Knaben noch vorher vom Leibe gerissen hatte, versetzte er in der Pfandleihe, das Geld brachte er mit Trinken und Kartenspielen durch.

Das Gericht und der Kaiser kannten in diesem Fall keine Gnade. Am 15. September 1842 wurde Karl Feid am Würgegalgen des Wiener „Grauen Hauses“ hochgezogen und fand nach wenigen qualvollen Minuten sein Ende. Weder während des Prozesses noch während der Besuchszeit, die jedem Todeskandidaten am Tage vor seiner Hinrichtung im „Aussetzzimmer“ zustand, hatte ihn jemand von seiner Familie besucht. Er starb so einsam wie sein Neffe, mit dessen Körper er hatte Geld verdienen wollen.

# Peter von Bohr 1845

Im August 1845 herrschte in der Österreichischen Nationalbank helle Aufregung. Immer wieder entdeckten die Kassiere und Geldzähler Banknoten zu 10 und 100 Gulden, die offensichtlich gefälscht waren. Als sich die Fälle häuften, beschloß man, die bisher eher lax geführten Nachforschungen nach dem geheimnisvollen Geldfälscher zu intensivieren. Man übergab den Fall einem der fähigsten Kriminalisten der Kaiserstadt, dem Polizeikommissär Rudolf von Felsenthal.

Dieser hatte nun eine neue Idee, wie man dem Fälscher auf die Spur kommen könnte: Er begann, die Herkunft der Banknoten genauestens zu verfolgen, ein mühevolles und zeitraubendes Unterfangen, da diese, bevor sie in die Nationalbank kamen, oft schon durch viele Hände gegangen waren.

Es schien fast aussichtslos, Spur um Spur verlief im Sand, bis Felsenthal auf einen Juwelier stieß, bei dem ein älterer Herr, ein „Herr" im wahrsten Sinne des Wortes, eine goldene Uhrkette und einen Ring gekauft und mit einem falschen Hunderter bezahlt hatte. Zufälligerweise kannte der Juwelier auch den Namen des Herrn, und Rudolf von Felsenthal erlebte hier sicher eine der größten Überraschungen seines Lebens, als man ihm den Namen des Peter Ritter von Bohr nannte, denn dieser Mann war zu seiner Zeit eine Berühmtheit in Wien und ein weithin geachteter und angesehener Bürger.

Peter Ritter von Bohr hatte eine jener Karrieren gemacht, wie sie für das 19. Jahrhundert so typisch sind und sich nur in Zeiten ereignen können, die von Krieg, Umsturz und wirtschaftlichem Aufschwung geprägt sind.

Über seine Herkunft weiß man nicht viel. Er stammte aus Flandern oder Luxemburg und diente während der Französischen Revolution als Artillerieleutnant im französischen Heer. Angeblich hatte er zuvor in Paris Malerei bei Jacques-Louis David studiert, und diese Liebe zur Malerei sollte ihn sein ganzes Leben lang begleiten, ja schließlich auch sein Verhängnis werden. Irgendwann hatte er mit seinen Vorgesetzten in der französischen Armee Ärger bekommen, er beschloß zu desertieren und lief zu den Österreichern über. Vom Militär hatte er genug, und so ließ er sich in Linz als Miniaturmaler nieder. In Linz deshalb, weil er hier auf Protektion durch den alten Feldzeugmeister Baron Beaulieu hoffen konnte, der seine Familie aus alten Zeiten kannte.

Er beschloß ein bürgerliches Leben zu führen, heiratete eine kleine Putzmacherin und richtete ihr ein Geschäft ein – alles deutete auf eine bescheidene Existenz hin. Nur zwölf Jahre später war Bohr allerdings einer der reichsten Linzer, und man sprach hinter vorgehaltener Hand von Koffern voll Banknoten, die er in einem geheimnisvollen Zimmer hortete, in das außer ihm niemand Zutritt hatte. Fragte man nach der Quelle des Reichtums, so bekam man vage Auskünfte über Geschäfte mit den französischen Besatzungsbehörden, die 1805 und 1809 Linz besetzt hielten.

Als Wien sich zum großen Kongreß rüstete, hielt es Peter von Bohr nicht länger in der Provinzstadt Linz. Er verkaufte alles und zog in die Residenzstadt. In Erlaa kaufte er sich ein kleines Häuschen um 6000 Gulden, im nächsten Jahr eine Besitzung in Mauer um 20.000 Gulden und bald darauf die Herrschaft Kottingbrunn bei Vöslau um 127.000 Gulden, wieder ein Jahr später ein Haus in der Leopoldstadt um 94.000 Gulden. Mit dem Malen von Miniaturen hat er sicher nicht so viel Geld verdient, und wenn man ihn darauf ansprach, hörte man etwas von „Eskompte- und Obligationsverrechnungsgeschäften", und ansonsten reichte sein glänzender Lebensstil vollkommen aus, um jeden Kritiker zu blenden und mundtot zu machen. 1819 ließ er sich seinen Reichsritterstand, der noch von Leopold II. herrührte, von Kaiser Franz I. bestätigen. Als er nach dem Tod der kleinen Putzmacherin 1821 die Komtesse Mathilde von Christallnig, eine Kärntner Gräfin, heiratete, war er in der Gesellschaft nun von allen Seiten anerkannt.

Für einige Zeit zog er sich nach Klagenfurt zurück und kaufte dort der Familie Orsini-Rosenberg mehrere Güter um 200.000 Gulden ab und wurde dadurch auch in die „Kärntner Landsmannschaft" aufgenommen. Wieder zurück in Wien, vermählte er seine älteste Tochter mit dem Grafen von Wallis, und die „erste Gesellschaft" Wiens riß sich geradezu um die Bekanntschaft mit dem reichen, angesehenen und charmanten Ritter von Bohr.

Wien war zu dieser Zeit in eine Phase verstärkten wirtschaftlichen Aufschwungs eingetreten, jeder stürzte sich in alle möglichen Geschäfte, und Bohr war hier keine Ausnahme. Er investierte Unsummen Geldes in Unternehmen, die oft nicht mehr wert waren als das Papier, auf das ihre Aktien gedruckt waren, aber zwei seiner Unternehmungen florierten dennoch und haben sich bis in die heutige Zeit erhalten: die „Erste Österreichische Sparkasse" und die „Donaudampfschiffahrtsgesellschaft". Bohr schien für seine Unternehmungen immer Unsummen von Geld parat zu haben, was aber nicht zu wundern brauchte, hatte er sich doch in Kottingbrunn und in seinem Wiener Haus „Laboratorien" eingerichtet, in denen er „experimentieren" konnte und in die außer ihm niemand Zutritt hatte.

1839 aber ereilte ihn ein schwerer Schicksalsschlag, das Bankhaus Rosenberg in Wien ging in Konkurs, und Bohr verlor so gut wie sein ganzes Vermögen auf einen Schlag, ja er mußte sogar den Konkurs über sein privates Vermögen eröffnen. Dennoch gelang es ihm, lustig weiterzuleben, er verkaufte seine Häuser und Besitzungen und behielt sich nur eine Wohnung in Wien und eine Villa in Meidling, heute etwa in dem Bereich Tivoligasse und Zenogasse zu suchen.

Am 8. Oktober 1845 aber war es mit dem feinen Leben des Herrn Peter Ritter von Bohr endgültig vorbei. An diesem Tag glaubte der Kriminalist Rudolf von Felsenthal nun endlich genug Beweise gegen ihn in der Hand zu haben und suchte den nun schon 72jährigen in seiner Villa auf: „Als ich nun bei meinem Eintritt in das Schlafzimmer an der Wand neben dem Tische", schrieb Felsenthal viele Jahre später, „eine Uhr mit jener Kette hängen sah, welche bei dem Goldarbeiter gekauft worden war, und von welcher Gattung ich eine gleiche bei mir trug, da hatte ich die Überzeugung, daß der Käufer jener Kette und des Frauenringes, welcher mit einer falschen Hundertguldennote bezahlte, und Bohr eine und dieselbe Person seien. Diese Wahrnehmung bestimmte mich, gleich im Moment die Verhaftung des Bohr vorzunehmen – mit raschem Schritt trat ich auf ihn zu und ergriff seine Hand. Er sah auf und sagte, überrascht zwar, aber scheinbar ruhig: ‚Guten Morgen! Was soll's?' ‚Ich verhafte Sie wegen Staatsbetruges', war meine Antwort, indem ich seine Hand nicht losließ und ihm fest ins Auge schaute. Ich hatte gehofft, durch das Rasche meines Benehmens, durch die Überraschung selbst einen schnellen, für die Erreichung meines Zweckes günstigen Ausgang hervorbringen zu können. Doch in Bohrs Miene und Haltung war kein Zeichen einer Überraschung über meinen unerwarteten Eintritt, einer Befangenheit über mein entschiedenes Vorgehen zu bemerken; er schien äußerlich ruhig, nur fühlte ich an dem Toben seines Pulses, da ich der Beobachtung wegen seine Hand noch immer festhielt, daß eine gewaltige Gemütsbewegung sich seiner bemächtigt hatte. Ich kündigte ihm nochmals den Zweck meines Hierseins zum Behufe einer genauen Durchsuchung seiner Wohnung an und begann die Durchsuchung an ihm selbst anzuordnen, indem ich, um Entschuldigung bittend und mein Amt und meine Pflicht nennend, in die Taschen seines Schlafrockes greifen ließ, und man hier eine vor wenigen Tagen aufgestellte Auskunftsnote eines Wechslers über 100 Stück Dukaten fand, eine Entdeckung, über welche Bohr in einige Verlegenheit zu geraten schien ...

Als ich die Revision der sämtlichen Geldvorräte aller Personen im Haus vornahm, fiel es mir auf, daß weder bei Frau von Bohr noch in der Barschaft des Bohr ein einziges Falsifikat gefunden wurde. Ich versäumte deshalb nicht, auch die Barschaft der beiden Mägde sowie einer anderen Frauensperson, der am Eingang des Gartens wohnenden Hausmeisterin, zu untersuchen. Ich fand bei keiner von allen unter dem Geld eine falsche Note. Ich fragte deswegen die Frauenzimmer, wo sie denn ihr Geld hintaten, ob sie dieses in der Sparkasse liegen hatten. Als mir nun beide Mägde ihre Sparkassenbücher zeigten, da entdeckte ich in jenem des Stubenmädchens zwei Stück falsche Noten à 10 Gulden. Ich fragte sie, woher sie solche habe und sie gab mir ausführlich an, daß sie von ihrer Herrschaft die Banknoten zur Bezahlung an die Wäscherin erhalten hätte, daß sie aber, weil sie vorrätiges kleines Geld gehabt, die Wäscherin damit ausgezahlt und sich lieber die Banknoten behalten habe, um diese dann leichter in die Sparkasse geben zu können."

Bohr gestand nach einigen Tagen, insgesamt gab er aber nur zu,

20.000 Gulden gefälscht zu haben, wieviele es tatsächlich gewesen waren, konnte nie herausgefunden werden. Bohr und seine Frau wurden zum Tode durch den Strang verurteilt, aber dann begnadigt, er zu acht Jahren, sie zu zwei Jahren Haft. Bohr starb nach einem Jahr im Gefängnis, seine Frau wurde nach einem Jahr Haft freigelassen und lebte als bescheidene Witwe von den Einkünften ihres Gutes Kottingbrunn.

Die Geschichte hatte aber noch ein Nachspiel. Als man am Beginn des 20. Jahrhunderts die Villa des Fälscherpaares abriß, fand man im Garten ein Skelett unter einem Busch begraben. Ob dies vielleicht die sterblichen Reste eines Mitwissers waren, den der geheimnisvolle Peter Ritter von Bohr beseitigt hatte, wird man nie erfahren.

# Graf Theodore Baillet-Latour 1848

Als vor einigen Jahren das Historische Museum der Stadt Wien eine große Ausstellung zum Thema Biedermeier vorbereitete, fand man im Depot eine Laterne, die man viele Jahre vorher übernommen hatte. Diese Laterne, hieß es, wäre genau jene gewesen, an der Metternichs Kriegsminister Graf Latour sein Leben am 6. Oktober 1848 beendet hätte.

Der Kriegsminister, mit vollem Namen hieß er Graf Theodore Baillet-Latour, hatte an diesem Tag kein Glück gehabt. Die Nacht vorher waren die Bürger des revolutionären Wien mehrmals durch Fehlalarm aus dem Schlaf geschreckt worden, es hieß, Graf Windischgraetz, den die Wiener seit den Märztagen fürchten gelernt hatten, stehe mit vier frischen Regimentern vor den Toren der Stadt, um die alten Zustände wiederherzustellen. Das Volk beschloß daraufhin, sich zu bewaffnen und stürmte das Wiener Zeughaus am Platz Am Hof. Ganz in der Nähe befand sich auch das alte Kriegsministerium, in dem sich eben der Kriegsminister Graf Latour aufhielt. Die Menge war aufgebracht gegen den Grafen, sah man doch in ihm den Verantwortlichen für den Abmarschbefehl des Grenadierbataillons Richter, welches am Vortage ausrücken sollte, um Windischgraetz gegen die aufständischen Ungarn zu unterstützen. Ein Vorhaben, das Arbeiter, Studenten und meuternde Truppen in Straßenkämpfen verhindert hatten. Neu bewaffnet, beschloß die entfesselte Menschenmasse, auch das Kriegsministerium zu stürmen, das von einem Trupp Grenadiere bewacht wurde. Latour sah die Menge kommen und befürchtete ein Blutvergießen, falls er den Befehl zur Verteidigung des Geländes gab, statt dessen gebot er daher, die Wache zurückzuziehen und wollte von der Treppe des Ministeriums aus beruhigend auf die Menge einwirken. Unter dem Schutz eines Nationalgardeoffiziers begab er sich in den inzwischen von einer aufgeputschten Meute besetzten Hof des Kriegsministeriums, doch kaum sah ihn die Menge, stürmte sie schon auf ihn los. Der Hut wurde ihm vom Kopf gerissen, man fing an, ihn an den Haaren zu reißen und schlug auf ihn ein. Er versuchte sich noch mit den Händen zu wehren, aber plötzlich bekam er von hinten einen Schlag mit einem Hammer auf den Kopf, ein Mann schlug ihm mit einem Säbel quer über das Gesicht und ein weiterer durchbohrte ihm mit einem Bajonett die Brust. Latour, den die Wut dieses Pöbels völlig überrascht haben muß, stammelte noch „Ich sterbe unschuldig" und verschied.

Die Mörder aber hatten noch nicht genug. Zunächst band man den Leichnam mit einer Schnur an ein schmiedeeisernes Fenstergitter im Hof des Kriegsministeriums, und dort hing er etwa 10 Minuten. Da die Menge aber nicht davon abzuhalten war, auf den Toten weiter einzuhauen und zu stechen, riß die Schnur, und man schleifte ihn nun aus dem Hof des Kriegsministeriums hinaus auf den Platz Am Hof, wo man ihn abermals mit einer Schnur an jenem eingangs erwähnten Gaskandelaber aufknüpfte. In einem zeitgenössischen Bericht heißt es dann weiter: *„Sie stachen und schossen nach ihm, er fiel hinab, sie rissen ihm die Kleider vom Leibe und schändeten den Leichnam auf eine unerhört kannibalische Weise, indem sie ihn, entkleidet wie er war, verspotteten, verhöhnten und damit alle Greuel verübten; sie tauchten ihre Sacktücher in sein Blut und sprangen jubelnd herum."*

Während der gesamten Zeit stand nicht weit davon die Abteilung Grenadiere Gewehr bei Fuß und griff nicht ein, ob aus Meuterei, Angst vor dem Pöbel, oder weil dem letzten Befehl Latours gehorchend, kann niemand sagen.

Latour wurde nun nochmals mittels eines Militärmantelriemens, den ein meuternder Soldat gespendet hatte, am Gaskandelaber aufgehängt. *„. . . anfangs hing er in Frack und Bluse, dann im Hemde, Unterkleidern und Socken, endlich ganz nackend bis spät in die Nacht."*

Mitleidige Seelen bargen Latour und gaben ihm ein Grab, die Rache für diesen blutigen Vorfall aber gehörte dem Staat. Nach der Niederschlagung des Wiener Aufstandes am 31. Oktober 1848 setzte man hohe Belohnungen aus, um die Hauptrádelsführer des Mordes auszuforschen. Belohnungen dieser Art haben noch selten ihre Wirkung verfehlt, und so wurden am 20. März 1949 drei Männer namens Wangler, Jurkowitz und Brambosch am Glacis zwischen

Neutor und Schottentor am Würgegalgen gehängt. Ob sie es wirklich waren, die inmitten des tobenden Pöbels den eigentlichen Mord begingen, wird man nie erfahren, genausowenig wir man die Frage beantworten kann, ob jene Laterne, die in einem Museumsdepot vor sich hinrostet, tatsächlich diejenige ist, auf der Graf Theodore Baillet-Latour sein trauriges Ende fand.

# Johann Libenyi 1853

Die Wiener Basteien, die so vielen Stürmen und kriegerischen Ereignissen stets tapfer getrotzt hatten, waren im Jahre 1853 militärisch gesehen längst überholt. Aber sie hatten als wichtigster Spazierweg der Wiener rund um die Stadt eine neue Bestimmung bekommen. Von hier aus eröffnete sich ein herrlicher Ausblick über das alte Wien und das baumbestandene Glacis mit seinen Gärten und Alleen. Kein Wunder also, daß selbst der junge Monarch Franz Joseph I., der in Wien seit 1848 herrschte, gerne seine Amtsräume in der Hofburg von Zeit zu Zeit verließ, um hier ein wenig Erholung von den anstrengenden Staatsgeschäften zu finden.

Am 18. Februar 1853 gab es am Glacis ein besonderes Spektakel zu sehen, eine Truppenübung der in den sogenannten Imterimskasernen am Glacis untergebrachten Soldaten, und Franz Joseph als Oberbefehlshaber ließ es sich nicht nehmen, den Beschützern seiner Herrschaft und seines Reiches eine Zeitlang seine Reverenz zu erweisen. Als er sich mit seinem Flügeladjutanten, dem Grafen O'Donell, plaudernd wieder in Bewegung setzte, um in die Hofburg zurückzukehren, sprang, wie die Zeitungen am selben Nachmittag noch in einem Extrablatt zu berichten wußten, ein „kleiner, unbedeutender, kränklich aussehender Mensch mit langen Haaren und niedrigem ungarischem Hute" auf ihn zu und führte mit einem langen Messer einen Hieb gegen das „geheiligte Haupt des Monarchen", der den Kaiser am Hinterkopf verwundete. In diesem Moment hatte sich Franz Joseph mit der Schnelligkeit seiner 23 Jahre gefaßt und riß seinen Säbel aus der Scheide, um sich zu verteidigen, der Flügeladjutant O'Donell warf sich beherzt auf den Attentäter, und gemeinsam mit einem Wiener Bürger und Hausbesitzer, dem gewesenen Fleischhauer Josef Ettenreich, gelang es ihnen, den Attentäter zu überwältigen. Bald war auch die Burgwache informiert und erschien am Schauplatz der Tat. Sie brachte den Täter zu einem ersten Verhör.

Der Attentäter, der 21jährige ungarische Schneider Johann Libenyi, der in Wien-Leopoldstadt, Schmidtgasse Nr. 653, sein Quartier hatte, war ein Einzelgänger, und obwohl die Polizei und die Militärbehörden verzweifelt versuchten, aus einigen Schriften, die in seiner Wohnung gefunden wurden, ein großes ungarisches Komplott zu konstruieren, war es bald klar, daß er allein und auf eigene Faust gehandelt hatte. Libenyi war am ungarischen Aufstand von 1848 beteiligt gewesen und hatte es nie überwunden, daß seine Heimat Ungarn nicht die Freiheit fand, die er für sie ersehnt hatte.

Attentate auf kaiserliche Hoheiten waren zu dieser Zeit noch ganz außerordentliche Verbrechen, und die glückliche Errettung des Potentaten mußte natürlich in der Folge gebührend gefeiert werden. Man hielt am selben Abend noch ein feierliches Tedeum im Wiener Stephansdom ab, und am Abend wurde die Stadt mit Fahnen und Fackeln festlich geschmückt. Erzherzog Ferdinand Max gelobte zum Dank für die glückliche Errettung seines Herren und Bruders eine Kirche zu stiften; die Einweihung dieser „Votivkirche" am 24. April 1879 hat er allerdings nicht mehr erlebt, fiel er doch als Kaiser Maximilian von Mexiko 1867 den Kugeln eines mexikanischen Erschießungskommandos in Queretaro zum Opfer.

Graf O'Donell wurde vom Kaiser *„in allergnädigster Anerkennung des Allerhöchstdemselben bei dem meuchlerischen Anfalle auf Allerhöchst ihre Person am 18. Februar persönlich geleisteten Beistandes das Commandeurkreuz des Leopoldordens taxfrei verliehen."*

Josef Ettenreich bekam den Franz-Josephs-Orden im Beisein sämtlicher Mitglieder der kaiserlichen Familie höchst eigenhändig vom Kaiser übergeben, und weil er sich beharrlich weigerte, eine Belohnung zu akzeptieren, durfte er als besondere Auszeichnung seine Gemahlin der jungen Kaiserin Elisabeth vorstellen.

Josef Ettenreich konnte seinen Ruhm in der Folge weidlich nützen. Er wurde in den erblichen Adelsstand erhoben und erhielt 1853 die Salvatormedaille, die höchste Auszeichnung der Stadt Wien. Zahlreiche Ehrungen und Auszeichnungen der Städte und Länder der Monarchie folgten, und sogar von Papst Pius IX. erhielt er höchstes Lob. Noch im Jahr des Attentates wurde er in den Leitungsausschuß der Ersten Österreichischen Spar-Casse berufen und brachte es dort bis zum Direktor. Als er 1873 starb, ordnete Franz Joseph eine feierliche Einsegnung in der Wiener Karlskirche an und wohnte dieser „Allerhöchstderoselben“ bei.

Ein schlimmes Ende fand dagegen Johann Libenyi: Bereits am 23. Februar 1853 wurde er nach den seit 1849 für Wien geltenden Kriegsartikeln wegen „Hochverrates durch meuchlerischen Mordanfall gegen die allerhöchste Person Seiner K. K. Apostolischen Majestät Franz Joseph den Ersten“ zum Tode durch den Strang verurteilt. Am 25. Februar bestätigte der Monarch das Todesurteil gegen seinen Attentäter, und am 26. Februar wurde er am Militärrichtplatz auf der Simmeringer Haide hingerichtet.

Kaiser Franz Joseph blieb als Andenken an seine gefährlichste Stunde die Votivkirche, O'Donell und Ettenreich hatten ihre Orden und Ämter, Frau Ettenreich die Erinnerung an einige steife Stunden mit der Kaiserin, und von dem unglücklichen Johann Libenyi blieb als Erinnerung nur ein Spottvers im Gedächtnis der Wiener, der aber sehr viel über die „Liebe“ der Wiener im Jahre 1853 zu ihrem Monarchen aussagt, die vielleicht doch nicht so groß war, wie einem die Zeitungen der Zeit glauben machen, denn da heißt es:

*„Auf der Simmeringer Had*
*Hats an Schneider verwaht*
*Aber es g'schicht ihm scho recht*
*Warum sticht er so schlecht!“*

# Johann Schmidt 1859

Der Bahnhofsvorsteher der kleinen Bahnstation Rzeszów in Galizien war schlecht gelaunt. Seit Wochen stand in seinem Lager ein Koffer mit der Bezeichnung „Glaswaren", der hier für einen gewissen Joachim Poppe deponiert war, aber niemand kam, um ihn abzuholen. Und nun stank es auch noch im Lager, und der Gestank, ein süßlicher Verwesungsgeruch, schien direkt aus dem ominösen Koffer zu kommen. Am nächsten Tag, dem 21. Jänner 1860, war der Bahnbeamte mit seiner Geduld am Ende, und mit einem Gehilfen brach er den Koffer kurzerhand auf: Beim Anblick des Inhalts fuhr er entsetzt zurück. Vor ihm lag, feinsäuberlich in Wachspapier eingeschlagen, die zerstückelte Leiche eines Mannes.

Die Polizei kam sofort, aber weder der Absender des Koffers noch die Identität des Mannes konnten in den nächsten Monaten festgestellt werden. Als letzte Hoffnung beschloß man, die Beschreibung des Toten und seiner Kleidung im „Polizeianzeiger" zu veröffentlichen, und nun kam den Kriminalisten der berühmte „Kommissar Zufall" zu Hilfe: Im fernen Wien las ein Polizeibeamter den Artikel, und als er am nächsten Tag auf die Jagd ging, erzählte er die ganze Geschichte als Kuriosität seinen Jagdfreunden. Einer aber, der Wiener Bijouteriewarenhändler Joseph Hurtz, war von der Erzählung wie elektrisiert, die Beschreibung der zerstückelten Leiche deckte sich Punkt für Punkt mit dem Aussehen seines Bruders Karl Hurtz, der vor einem dreiviertel Jahr von einem Tag auf den anderen spurlos verschwunden war. Mit zwei Polizeibeamten fuhr Joseph Hurtz daraufhin sofort nach Rzeszów, wo er in seinem Schmerz erkennen mußte, daß er tatsächlich die sterblichen Reste seines Bruders Karl wiedergefunden hatte.

Noch am selben Tag nahm man in Wien den Buchhalter Johann Schmidt fest, der seit langem im Verdacht stand, seinen Dienstgeber

Karl Hurtz ermordet und beseitigt zu haben, allein, man hatte ihm bis dahin nichts nachweisen können.

Johann Schmidt war durch die Verhaftung so geschockt, daß er sofort gestand und den Hergang der Tat zu Protokoll gab: Schmidt hatte Karl Hurtz am 14. März 1859 im Geschäftsgewölbe mit einer Eisenstange erschlagen. Der Bluttat war ein Wortwechsel vorausgegangen, weil sich Johann Schmidt in letzter Zeit des öfteren kleine Unregelmäßigkeiten zuschulden kommen hatte lassen, und vermutlich wollte Karl Hurtz seinen unredlichen Buchhalter entlassen. Dieser wußte aber, daß sein Dienstherr an diesem Tage Außenstände von über 7000 Kronen eingetrieben und bei sich hatte. Jetzt sah er den Zeitpunkt gekommen, sich mit einem Schlage seines Chefs entledigen zu können und gleichzeitig reich zu werden.

Zuerst aber schleppte er die Leiche in ein Nebenzimmer und ging in aller Ruhe seinen Geschäften nach. Am Abend sperrte er zur vorgesehenen Zeit das Geschäft ab, kehrte aber bald darauf mit einem inzwischen beschafften Koffer zurück, zerlegte und verpackte die Leiche und schickte sie an einen nichtexistierenden Herren „Joachim Poppe, Hotelbesitzer Nr. 864 in Prag“. Die diensteifrigen Prager Bahnbeamten hatten sich zwar bemüht, „Joachim Poppe“ ausfindig zu machen, allerdings ohne Erfolg. Aus den Melderegistern glaubte man jedoch zu wissen, daß es einen „Joachim Poppe“ in Przemyslani in Galizien gäbe, und so sandte man den Koffer zur diesem Ort nächstgelegenen Bahnstation nach Rzeszów, wo dann dem Bahnhofsvorstand jener üble Geruch in die Nase stieg, der zur Entdeckung des Mordes führte.

Nachdem er die Leiche beseitigt hatte und es langsam auffiel, daß Karl Hurtz verschwunden war, versuchte Schmidt das Verschwinden seines Dienstgebers als Flucht wegen Schulden darzustellen, aber Joseph Hurtz glaubte nicht daran, und es gelang ihm auch nachzuweisen, daß die Firma finanziell sehr gut dastand. Die Anschuldigungen Schmidts gegen seiner Bruder hatten aber in ihm den Verdacht geweckt, dieser könnte etwas mit dessen Verschwinden zu tun haben, aber wo keine Leiche, da auch keine Beweise. Joseph Hurtz mußte sich damit begnügen, den Buchhalter genau im Auge zu behalten. Selbst als er die Uhr seines Bruders bei Schmidt entdeckte, hatte dieser eine Ausrede parat: Er habe sie seinem Bruder „abgehandelt“.

Erst die Auffindung der Leiche trieb Schmidt dann so in die Enge, daß er schließlich gestand. Die Polizei erfuhr noch etwas Interessantes: Die Braut von Johann Schmidt und deren Schwester dürften zumindest geahnt haben, was hier vorgefallen war, als ihr Johann plötzlich so viel Geld hatte.

Am 30. Mai 1860 begann die Verhandlung vor dem Schwurgericht gegen Johann Schmidt, der plötzlich eine neue Linie zu seiner Verteidigung wählte: Ein unbekannter „Berliner" hätte die Tat begangen und ihn als Unschuldigen darin verwickelt. Aber die Wiener Polizei hatte so gut recherchiert, daß eine ganze Reihe von Indizien vorlagen, die eindeutig bewiesen, daß Johann Schmidt der Mörder war. Das Urteil für ihn lautete auf lebenslänglich, seine Braut Maria Magdalena Bichl erhielt wegen der Teilnahme am Raub, nicht am Morde selbst, vier Jahre schweren Kerkers, ihre Schwester wurde vom Vorwurf der Mitwisserschaft freigesprochen.

Johann Schmidt wurde zur Verbüßung seiner Strafe in das Gefängnis von Karthaus gebracht. In den folgenden Jahren konnte man immer wieder in den Wiener Zeitungen einen „Brief des Raubmörders Johann Schmidt" lesen, in dem dieser Joseph Hurtz um Verzeihung bat. Johann Schmidt starb mit 36 Jahren im Gefängnis von Munkács; Joseph Hurtz hat dem Mörder seines Bruders übrigens nie vergeben.

# *Georg Ratkay 1868*

In der zweiten Hälfte des 19. Jahrhunderts nahm die Wohnungsnot in Wien bereits beträchtliche Ausmaße an. Den zahlreichen Zuwanderern aus allen Provinzen der k. u. k. Monarchie, die nach Wien strömten, um Arbeit und Brot zu finden, stand eine zu kleine Zahl an preiswerten Wohnmöglichkeiten gegenüber. Daher war der sogenannte „Bettgeher" auch in der feudalen Residenzstadt des Reiches eine durchaus übliche Erscheinung. Er hatte kein eigenes Zimmer oder Wohnung, sondern nur das Recht gemietet, zu einer bestimmten Zeit ein bestimmtes Bett zu benutzen. Das konnte durchaus auch so erfolgen, daß dasselbe Bett verschiedenen Personen zur Verfügung stand, die jedoch zu unterschiedlichen Zeiten arbeiteten und schliefen.

Auch für die Vermieter stellte das Bettgängerwesen ein großes Problem dar, nahm man doch relativ unbekannte Personen bei sich zu Hause auf, und daß man dadurch auch Gefahren ausgesetzt war, zeigt der Fall des ungarischen Tischlergesellen Georg Ratkay.

Ratkay war Bettgeher bei der Familie Henke, die Vermieterin war Hausfrau, ihr Mann arbeitete bei einer Dampfmühle in der Schüttelstraße. Neben dem Bettgeher Ratkay vermieteten sie auch noch ein Zimmer an zwei weitere Untermieter, das Pärchen Josepha Kopriva und Franz Swoboda.

Der 10. Jänner 1868 war ein Tag wie jeder andere. Ferdinand Henke war wie immer früh am Morgen zur Arbeit gegangen, Josepha Kopriva kümmerte sich um ihr kleines Kind und hörte so nebenbei, wie der Bettgeher, der sich Edmund Reinbold nannte und erst vor zwei Tagen eingezogen war, am Gang den Abort benutzte, sich dann mehrmals die Hände wusch und schließlich das Haus verließ. Weil Josepha noch einkaufen mußte, kam sie erst am späten Vormittag in das Zimmer ihrer Vermieterin, und was sie dort sah, ließ ihr das Herz stocken und wird später im Polizeibericht folgendermaßen beschrieben: *„Die Leiche lag angekleidet im Bette. Die Hände hatte sie gekreuzt, sie machte die Miene einer friedlich Schlafenden. Das rechte Auge zeigte sich blau, Nase, Mund und Hände waren blutig. Der Kopf wies gräßliche Wunden auf. Man spürte durch die Wunden die Zertrümmerung des Schädels, das wohlgescheitelte Haar troff vor Blut. Neben dem Bett lag das Mordinstrument, ein schwerer Tischlerhobel."*

Es war ein Raubmord gewesen, wie die Polizei später feststellte, viel hatte der Täter aber nicht erbeutet: 40 Gulden in bar, eine Taschenuhr und einige Schmuckstücke – was hätte ein Ehepaar, das vom Vermieten seiner Räume lebte, auch schon viel besitzen können?

Man sandte die Beschreibung des verschwundenen Bettgehers, den man sofort als Mörder in Verdacht hatte, als man feststellte, daß er einen falschen Namen verwendet hatte, zu allen Polizeikommissariaten. Zudem beschloß man etwas Einmaliges zu dieser Zeit: Erstmals wurde die Presse als Instrument zur Mörderjagd eingesetzt, und man versorgte daher die Zeitungen mit allen nötigen Informationen. Bald begannen sich erste Erfolge einzustellen, insbesondere der Hinweis, daß der unbekannte Bettgeher einige Tage vorher erzählt hatte, er müßte bei seiner Geliebten eine Sesselreparatur durchführen, brachte Erfolg. Denn es meldete sich ein Dienstmädchen, die einen Freund hatte, auf den die Beschreibung exakt zutraf und der vor einigen Tagen ihr tatsächlich einen Sessel neu zusammengeleimt hatte. Sie gab den Namen ihres Freundes mit Georg Ratkay an, 23 Jahre alt und aus Ungarn gebürtig, und sie hatte auch gleich seine Adresse parat, beim Tischlermeister Hynek in der Landstraße wohnte er. Man eilte an die angegebene Adresse, aber der Vogel war früh am Morgen schon ausgeflogen, nachdem er noch die Morgenzeitungen gelesen hatte. Die Polizei mußte nun konsterniert feststellen, daß ihr die Informationspolitik durch die Zeitungen nicht nur Vorteile brachte.

Aber man kombinierte weiter richtig: Ratkay war Ungar, also würde er sich wahrscheinlich zu Fuß in Richtung seiner Heimat bewegen, und auf diesem Weg lag der Ort Kleinneusiedl bei Schwadorf, aus dem seine Geliebte stammte. Würde er nicht, so vermutete der Polizeikommissär Friedrich Heide richtig, dort bei den Eltern des Mädchens kurz einkehren? Sofort machte man sich auf den Weg und langte um 3 Uhr nachts in Kleinneusiedl an, holte die Landgendarmen aus dem Bett, umstellte das Haus und fand tatsächlich Georg Ratkay friedlich schlafend an. In der Eile hatte man nur auf Handschellen vergessen, und so mußte der Mörder mit Tüchern gebunden den weiten Rückweg nach Wien antreten.

Am 9. März 1868 fand die Gerichtsverhandlung statt, und das Urteil war das erwartete: Georg Ratkay wurde zum Tod durch den Strang verurteilt. Aber noch blieb Ratkay eine Gnadenfrist, denn das Urteil mußte erst dem Kaiser zur Unterschrift vorgelegt werden. Diese Zeit nutzte Ratkay zu einem verzweifelten Ausbruchsversuch. Mit einem Stück Eisenblech, das er beim Spaziergang im Gefängnishof gefunden hatte, versuchte er die Mauer seiner Zelle zu durchbrechen, und fast wäre es ihm auch gelungen, hätte ihn nicht ein Mithäftling verraten.

Der 28. Mai 1868 sollte ein denkwürdiger Tag für die Wiener Kriminalgeschichte werden. Bereits seit dem frühen Morgen strömten Tausende von sensationslüsternen Wienern zur Hinrichtungsstätte bei der Spinnerin am Kreuz. Würstelbuden waren über Nacht aus dem Boden geschossen, man aß, man trank und wartete auf den Armesünderkarren, der Georg Ratkay auf seinem letzten Weg zum Richtplatz brachte. Als er dort endlich anlangte, war die Menge zum Teil schon ziemlich betrunken, wie auch die ganze Hinrichtung durch Pannen und Peinlichkeiten gekennzeichnet war. Ratkay fand zwar einen schnellen Tod, aber als der Priester vor seiner am Galgen baumelnden Leiche die vorgeschriebene Mahnung an das gaffende Publikum über die Gefahren der Sünde und des Verbrechens halten wollte, wurde er niedergeschrien und mit Unrat beworfen. Die Vorfälle bei der Hinrichtung Ratkays nahm die Presse, die durch ihre Mithilfe bei der Aufklärung des Falles gehörig an Selbstbewußtsein gewonnen hatte, zum Anlaß, eine Kampagne zu starten, um in Zukunft öffentliche Spektakel dieser Art abzuschaffen. Tatsächlich verzeichnete sie einen Erfolg: Die nächste Hinrichtung, die des Raubmörders Enrico Francesconi, fand bereits unter Ausschluß der Öffentlichkeit im Galgenhof des Wiener Landesgerichtes statt. Die Wiener trauerten jedoch noch lange dem Vergnügen der öffentlichen Hinrichtung nach, ein Spektakel, bei dem ihre „Gemütlichkeit" wohl in einem etwas anderen Licht erschien.

# Enrico von Francesconi 1876

Der Geldbriefträger Johann Guga war das Musterbeispiel eines österreichischen Beamten. Jahrelang, tagaus und tagein versah er seinen Dienst, war mit Geldbeträgen, die in die Hunderttausende Gulden gingen, in Wien unterwegs und erfreute seine Kunden mit der willkommenen Nachricht, daß er Geld zu bringen habe.

Eines Tages aber, genau war es der 18. Oktober 1876, kehrte Johann Guga, dieser wirklich korrekte und dienstbeflissene Beamte, nicht zur gewohnten Stunde in sein Amt zurück: Man beginnt ihn zu suchen, immerhin hat er an diesem Tag mehr als 13.000 Gulden zuzustellen. Man fragt in seiner Wohnung nach, aber auch dort hat man ihn an diesem Tag noch nicht gesehen. Man fragt sich natürlich nun auch, ob Guga vielleicht doch dem Reiz des Geldes erlegen sei und sich mit der Summe auf und davon gemacht hat. Aber warum sollte er mit einem vergleichsweise geringen Betrag verschwunden sein, gab es doch Tage, an denen er das Vielfache davon unterschlagen hätte können?

Man sendet nun einen Boten zur k. k. Polizeidirektion am Schottenring 11, um die Sache zur Anzeige zu bringen. Die Beamten handeln schnell: Es wird eine Liste der Geldempfänger des Tages zusammengestellt, und man beginnt diese nun nacheinander aufzusuchen. Bald steht fest, daß die ersten vier Geschäftsleute auf der Liste Gugas alle ihr Geld ordnungsgemäß bekommen haben. Der fünfte Name auf der Liste lautet „Kaufmann Alfonso Mendoza" im Aziendahof am Graben 31, der den Betrag von 158 Gulden zu erhalten hatte. Beim Haus angekommen, stellt sich heraus, daß Mendoza im 4. Stock bei der Baronin Maier logiert. Auf das energische Klopfen der Kriminalbeamten wird aber nicht geöffnet, so daß man sich mit Gewalt Eintritt verschafft, und hier bietet sich den Beamten nun ein grausiges Bild: Johann Guga liegt in der Mitte des Raumes mit durchschnittener Kehle in einer riesigen Blutlache, von seiner Geldbriefträgertasche ist keine Spur zu sehen, und genauso fehlen alle Hinweise auf den Zimmerherren, den nun mysteriösen Kaufmann Alfonso Mendoza aus Neapel.

Der Fall wurde nun einem der bedeutendsten Kriminalisten der Stadt übergeben, und Polizeirat Breitenfeld – der später zum Leiter des Wiener Sicherheitsbüros avancieren sollte – nahm sich selbst des Falles an. Hier war mehr als ein Mord geschehen, der Täter hatte sich an einem Beamten des k. k. Staates vergriffen, und diese Tat war unter allen Umständen zu sühnen.

Man begann mit einer Befragung der verständlicherweise verzweifelten Baronin und erfuhr, daß sich der Zimmerherr als Seidenhändler eingeführt hatte, der im Auftrag seiner Familie in Wien Geschäfte tätigen sollte. Bei der genauen Durchsuchung des Raumes fand man noch einen an Mendoza adressierten Brief mit dem Inhalt von 158 Gulden, und Breitenfeld war es klar, daß dieser Brief nur dazu gedient hatte, Guga in die Wohnung seines späteren Mörders zu locken. Dieser hatte allerdings in der Eile einen entscheidenden Fehler begangen: Zwar hatte er all seine Habe mit sich genommen, sein Hut aber war unvorsichtigerweise in der Garderobe hängen geblieben. In diesem Hut fand sich das Etikett der Klagenfurter Firma „Nagel".

Am nächsten Tag wurde das „Signalement", die genaue Beschreibung des Täters, in allen Zeitungen der Monarchie veröffentlicht, auch der Hut fand nicht zuletzt Erwähnung. Gleichzeitig wurde eine Belohnung über 500 Gulden ausgesetzt. Und hier zeigte sich nun, daß die Wiener Polizei nicht umsonst auf die Mithilfe der Bevölkerung gesetzt hatte: Bereits am nächsten Tag meldet sich eine Dame, die sich gut an den jungen Mann und seinen Hut erinnern kann, dies umso besser, als auch sie Hüte der Firma Nagel trägt. Aber, so gibt sie zu Protokoll, der Name des Mannes, mit dem sie das Zugabteil von Klagenfurt nach Wien geteilt habe, lautete anders, nämlich Enrico von Francesconi, und dieser Name fügt sich nun gut zu einem anderen Indiz aus dem Mordzimmer, einem Taschentuch mit den Initialen E. F. Jetzt meldet sich auch der Gepäckträger, der am Mordtag das Gepäck von „Mendoza" vom Aziendahof zum Südbahnhof gebracht hat, und als man eilig eine Photographie von Francesconi beschafft, identifiziert er diesen eindeutig als den gesuchten „Mendoza".

Die Polizei hatte also einen ersten entscheidenden Schritt getan, sie kannte nun den wirklichen Namen des Mörders. Breitenfeld stieg in den nächsten Zug nach Klagenfurt, damals immerhin noch eine mehr als zehnstündige Reise, und versuchte mit Hilfe der Klagenfurter Kollegen, Francesconi ausfindig zu machen. Selbst kann er ihn zwar nicht aufspüren, aber er bringt in Erfahrung, daß der „schwarze Enrico", wie er von den Damen der Kärntner Hauptstadt liebevoll genannt wird, vor einigen Tagen bei seiner neuen Geliebten, der 17jährigen Karoline Jarnigg gewesen sei und ihr anvertraut habe, seine Eltern in Italien besuchen zu wollen. Sofort wird nun die Fahndung ausgeweitet, und so unwahrscheinlich es im Zeitalter des Telefax, Pressephotos und Fernsehens auch erscheinen mag, Francesconi wird allein nach dieser Beschreibung von einem Schaffner des Zuges Nr. 204 in Sterzing erkannt und von den eiligst herbeigerufenen Polizeibeamten festgenommen. Er weiß nun, daß er verloren hat. Zwar versucht er noch zu leugnen, aber nach einem mehrstündigen Verhör bricht er völlig zusammen und gesteht unter Tränen seine Tat.

Nur sechs Tage nach dem Mord war Francesconi wieder in Wien, diesmal aber nicht als vornehmer Zimmerherr, sondern als strengbewachter Häftling des Wiener Landesgerichtes. Am 16. November 1876 begann der Prozeß gegen Francesconi, zu dem die Wiener in Scharen erschienen. Interessant gestaltete sich die Aufnahme der Personalien des Mörders: Francesconi war 1859 in Parma geboren worden und hatte nach seiner Volljährigkeit aus dem Erbe seines Vaters 200.000 Gulden bekommen, die er in den darauffolgenden Jahren mit seinem leichtlebigen Lebenswandel und Spekulationen an der Börse durchbrachte. Er versuchte dann zu arbeiten, zunächst als Angestellter eines venezianischen Handelshauses, dann als Sprachlehrer in Klagenfurt, bei beiden Beschäftigungen erlitt er aber bald jämmerlich Schiffbruch. Als er dann in Klagenfurt seine Braut, Karoline Jarnigg kennenlernte, fehlte ihm nun das Geld zur Heirat, und so reifte in ihm der Plan, in Wien einen Geldbriefträger zu überfallen. Im Prozeß bekannte sich Francesconi von Anfang an schuldig, er war ein gebrochener Mann, der mit dem Leben abgeschlossen hatte. Und noch etwas stellte sich bei der Einvernahme des Mörders heraus: Johann Guga war nur durch Zufall zum Opfer geworden. Bereits einige Tage vorher hatte Francesconi einen Mord an einem anderen Geldbriefträger, an Andreas Schmidt, geplant gehabt, dieser hatte aber seinen Kunden im verdunkelten Raum nicht aus den Augen gelassen, so daß Francesconi dann „der Mut gefehlt hatte". Guga war vertrauensseliger gewesen und hatte Francesconi den Rücken zugekehrt, der ihn daraufhin durch einen Schuß in den Rücken verwundete, und als der brave Beamte noch röchelte, ihm mit einem scharfen Messer die Kehle durchtrennte.

Dennoch, obwohl alles gegen ihn sprach, versuchte Francesconi noch einmal kurz um sein Leben zu kämpfen und sprach von einem „armen, schuldlosen Kind", dessen Vater er wäre und das auf ihn wartete. Aber als ihm der gefürchtete Staatsanwalt Graf Lamezan nachweisen konnte, daß dieses Kind bereits vor der Tat verstorben war, gab er auf und verfiel in seine alte Lethargie. Das Urteil war einstimmig: Enrico von Francesconi wird zum Tod durch den Strang verurteilt. Das „Wiener Illustrierte Extrablatt" vermeldet nur noch lakonisch in seiner Abendausgabe, daß Francesconi halb ohnmächtig aus dem Saal geführt wurde.

Das Urteil wird wie üblich dem Kaiser zur Bestätigung übergeben, aber obwohl sich ihm in einer Audienz die junge Karoline Jarnigg zu Füßen wirft, wird das Urteil bestätigt. Francesconi muß sich auf seinen letzten Gang vorbereiten. Mit Hilfe des Gefängnispfarrers, viel schwarzem Kaffee und Zigaretten übersteht er seine letzte Nacht, und als der Profoß an seine Kerkertür klopft, bedankt er sich höflich für die gute Behandlung. Als die Uhr zur Hinrichtung schlägt, sagt er noch: „Ich bin bereit."

Francesconi ist der erste Delinquent, der in Wien nicht öffentlich hingerichtet wird. Für ihn hat man an jenem kalten Morgen des 17. Dezember 1876 im dreieckigen Hof des Landesgerichtes einen Galgen errichtet, und der Scharfrichter Willenbacher steht bereit. Als Francesconi bittet, noch einige Worte an die versammelten Beamten richten zu dürfen, schneidet ihm der Henker das Wort mit der Bemerkung „Ich muß nun leider meines Amtes walten" ab und hilft ihm auf den dreibeinigen Schemel, wirft ihm die Schlinge um den Hals und zieht ihn in die Höhe. Sein Todeskampf soll nicht lange gedauert haben.

# Baron Johann Karl Sothen 1881

An einem schönen Tag im Juli 1881 bewegte sich ein seltsamer Trauerkondukt vom Schloß Cobenzl zum Friedhof von Grinzing. Es war ein Begräbnis der Sonderklasse, eine wahrhaft „schöne Leich", wie der Wiener sagt, die hier begangen wurde, mit livrierten Dienern, geschmückten Rappen und einem schwarzen Leichenwagen. Alles, was die Wiener „Pompfüneberer" auf die Beine stellen konnten, war vorhanden.

Den Gegensatz dazu bildete das Publikum des Trauerzuges. Man johlte und sang Spottlieder, spielte auf mitgebrachten Musikinstrumenten, bewarf den Sarg und die Trauernden mit Steinen und Unrat und versuchte mehrmals, den Sarg vom Leichenwagen herunterzureißen. 20.000 Menschen sollen sich an diesen Ausschreitungen beteiligt haben, und in den zeitgenössischen Polizeiberichten heißt es, daß man in Wien noch nie einen so schrecklichen und vor allem einmütigen Ausbruch des Volkszornes hätte bemerken können.

Diese seltsame Trauerfeier hatte natürlich auch eine Vorgeschichte, einen Mord, aber in diesem Falle galt die Wut des Volkes keineswegs dem Mörder, sondern dem Opfer, dem Baron Johann Karl Sothen, dem Schloßherren vom Cobenzl.

Sothen war zu dieser Zeit einer der reichsten Männer von Wien, Besitzer des Bankhauses Sothen am Graben 13, der ehemaligen Unionsbank. Dabei hatte er als kleiner Lotteriebesitzer angefangen, in einer Trafik im Collalto-Palais am Platz Am Hof. Aber der junge Mann hatte Ideen, und so erfand er immer wieder neue Lotteriespiele wie das Promessenspiel, daß ihm bald monatlich 20.000 Gulden Gewinn einbrachte. 1855 kaufte er sich das Gut am Cobenzl samt dazugehörigem Schloß um 130.000 Gulden, einem sächsischen Großherzog kaufte er den Freiherrentitel ab, und in den siebziger Jahren erwarb er die Unionsbank. Er hätte glücklich sein können, der Herr Baron Sothen, aber die Raffgier seiner jungen Jahre hatte sich mit zunehmendem Alter zu grenzenlosem Geiz verstärkt.

Der Dienstbotenmörder vom Wienerwald, Franz Schneider.

Franz Schneider stellte seinen Kopf der Gerichtsmedizin zur Verfügung.

Marie Hottwanger

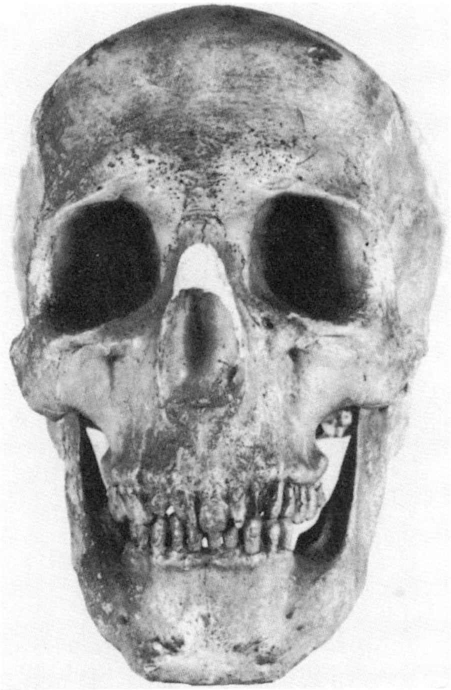

Die Köchin Theresia Ketterl tappt in die Falle Hugo Schenks: Sie erschießt sich beim Russischen Roulett selbst.

Josephine Timal wird von Hugo Schenk und Karl Schlossarek in einem Teich ertränkt.

Der Oberleutnant Adolf Hofrichter.

In diesem Schächtelchen verschickte Adolf Hofrichter die Zyankalipastillen, mit denen er sich an den Offizieren des Generalstabs rächen wollte.

Der Generalstabsoffizier Oberst Alfred Redl, der berühmteste Hochverräter Österreich-Ungarns.

So schilderte die zeitgenössische Boulevardpresse Alfred Redls letzte Stunde.

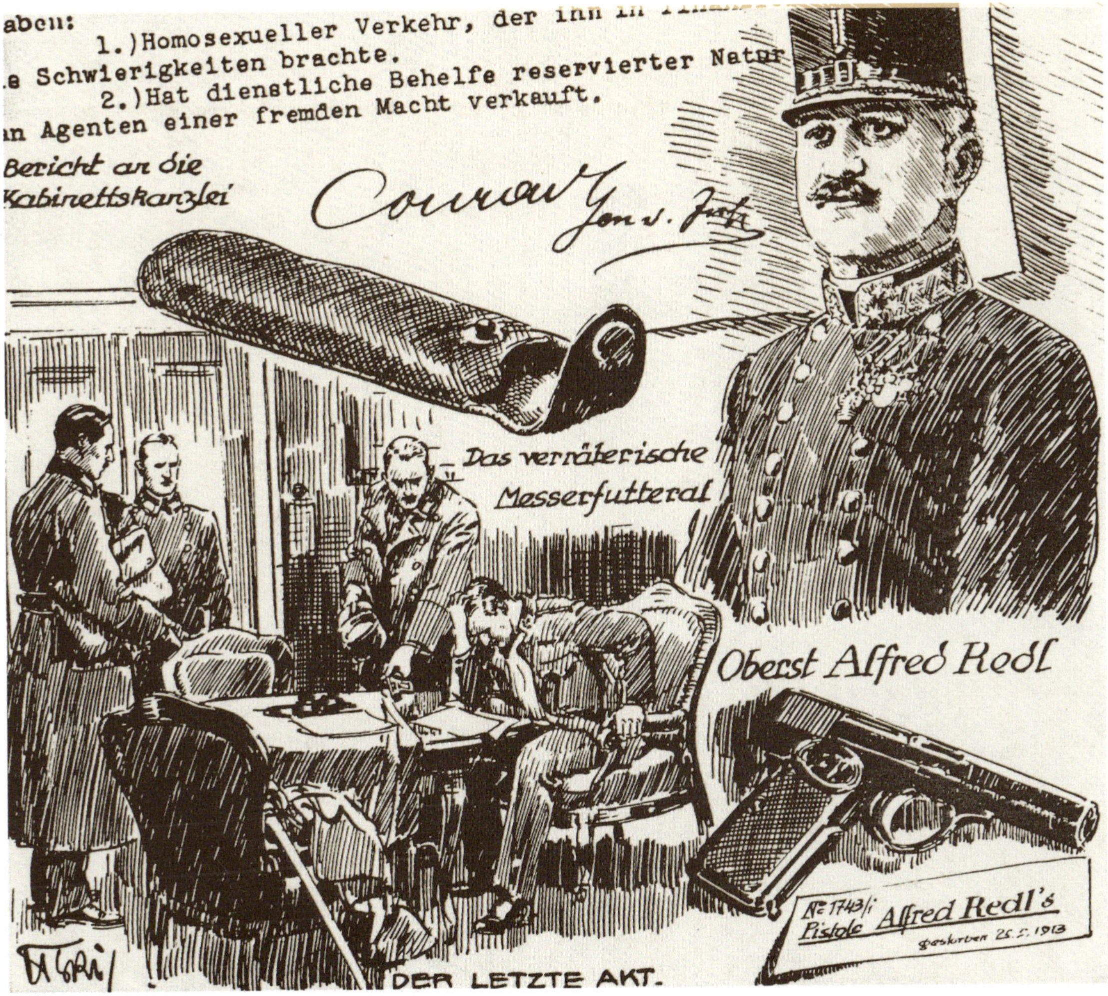

Der sozialdemokratische Wiener Politiker Franz Schuhmeier (1864–1913).

Der Ministerpräsident Graf Stürgkh, ermordet am 20. Oktober 1916 im Hotel Meißl & Schaden.

Friedrich Adler, der Mörder des Grafen Stürgkh (1859–1916).

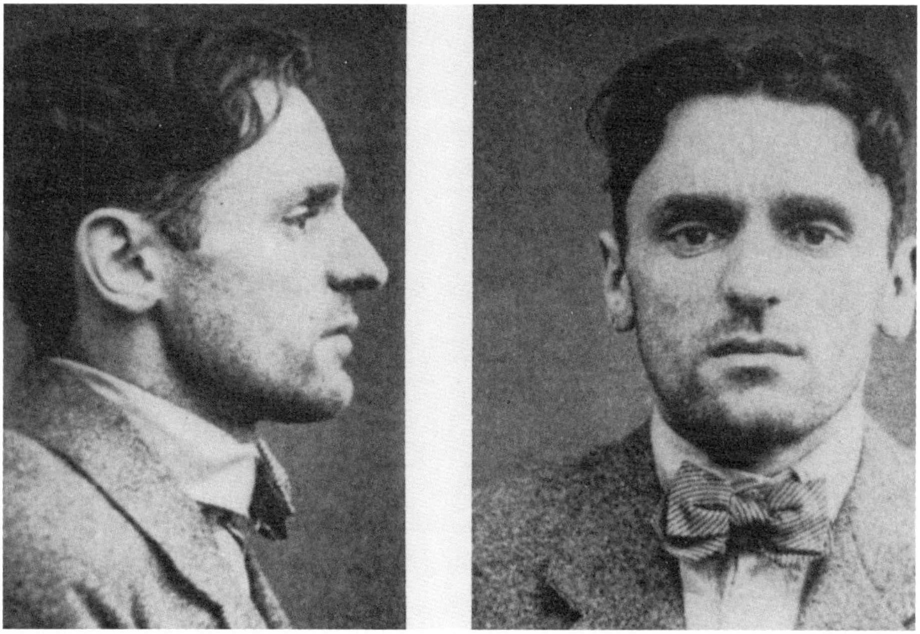

Polizeifoto des Raubmörders Emmo Davit.

Sein Opfer, die Gesellschaftsdame Juliane Earl. Polizeifoto.

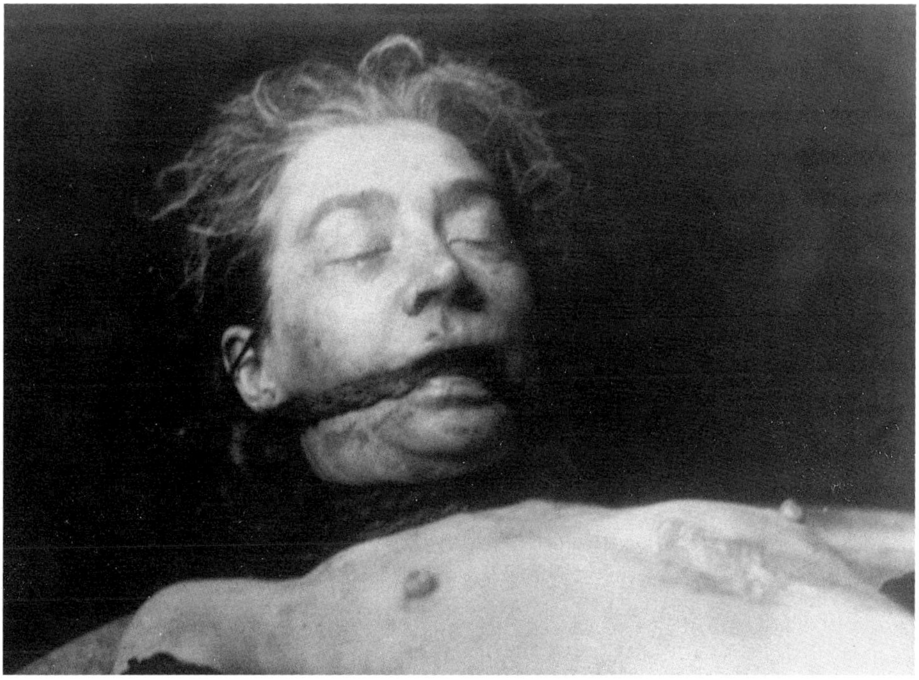

Polizeifoto des ungemein populären Wiener Kassenschränkers Johann Breitwieser.

Das Wohnhaus und Versteck Johann Breitwiesers in St. Andrä/Wördern.

Seinen Landarbeitern am Gut am Cobenzl spionierte er mit einem Marinefernrohr nach und führte Listen: Wenn sich einer der Arbeiter bei der Feldarbeit kurz ausrastete, wurde diesem sofort ein Teil des Lohnes abgezogen. Gleichzeitig waren alle seine Angestellten dazu verpflichtet, heilfroh zu sein, ihn als Patron zu haben. Wenn er seine Bank am Graben verließ, ließ er sich von ihnen zum Dank dafür, daß sie für wenig Lohn für ihn arbeiteten, die Hand küssen. Kein Wunder, daß er nicht gerade beliebt war und eigentlich ein sehr einsamer Mensch wurde. Als er eines Tages in seinem eigenen Hause von einem Spenglermeister wegen unbezahlter Rechnungen geohrfeigt wurde, sahen alle Diener gespannt zu, keiner aber hob die Hand, um seinem Herrn zu helfen.

Sein gewaltsames Ende fand er am 10. Juli 1881. An diesem Tage hatte der Baron gerade einen Förster namens Eduard Hittler entlassen, weil er daraufgekommen war, daß dieser im Konkubinat lebte und trotzdem fünf Kinder hatte. Für Baron Sothen war dies eine untolerierbare Sittenlosigkeit, war er doch ein Mann, der eine kirchliche Stiftung eingerichtet hatte, aus der man nach seinem Tode 15.000 Jahre lang Seelenmessen für ihn lesen konnte. Nun hatte er aber nicht bedacht, daß Förster Menschen sind, die mit geladenen Gewehren herumspazieren, und der verzweifelte Mann, der mit seiner Stelle, wenngleich sie sehr kärglich bezahlt war, auch seine Dienstwohnung verloren hatte und nun nicht mehr aus und ein wußte, beging das, was in den Zeitungsberichten immer als „Verzweiflungstat“ beschrieben wird: Mit zwei wohlgezielten Schüssen beendete er das Leben des Barons, der mit den Worten: „Muß ich sterben, muß ich sterben“ vor der Tür des Kuhstalles im Gut am Cobenzl verschied.

Eduard Hittler floh, stellte sich aber wenig später der Polizei und gestand seine Tat. Die Presse begann sich für den Fall zu interessieren, und als sie von den Lebensumständen des Försters, von seinen fünf Kindern und der Not der Familie erfuhr, rief sie zu einer Spendenaktion auf, die nach kurzer beträchtliche Summen erbrachte. Hittler wurde für seine Tat zum Tode verurteilt, Franz Joseph aber, der von den Begleitumständen der Tat erfuhr, begnadigte ihn zu 12 Jahren Kerker.

Das Bankhaus Sothen und das Gut Cobenzl wurden bald danach verkauft, und die einfachen Menschen bemühten sich, den Baron

Johann Karl Sothen zu vergessen, weil er sie einst ausgebeutet hatte. Die besseren Kreise der Wiener Gesellschaft wollten ihn vergessen, weil sie in ihm einen Außenseiter sahen, der sich mit seinem Geld in ihre Reihen gedrängt hatte. Dem Menschen Johann Karl Sothen weinte niemand eine Träne nach.

# Anton Kammerer und Hermann Stellmacher 1884

Der Aufstand der Pariser Kommune der Jahre 1870/71 war wie ein Sturm durch Europa gegangen. Zum ersten Male hatten Arbeiter, Bauern und Soldaten sich miteinander verbrüdert, um einen „sozialistischen" Idealstaat zu schaffen, der auf der Gleichheit aller beruhen sollte. Zwar war die Revolution nur auf Paris beschränkt geblieben, in allen anderen Ländern hatten die feudal-klerikalen Regimes jedes Aufkommen einer Stimmung wie im Jahre 1848, als eine Woge von Revolutionen durch Europa gefegt war, verhindern können. Aber seit den Tagen der Pariser Kommune war den Arbeitern eines klar geworden: Wenn wir uns verbünden, wenn wir gemeinsam gegen unsere schlechten sozialen Bedingungen aufstehen, so können wir etwas erreichen.

Unklar war allerdings, wie diese Verbesserung der Lebensverhältnisse erreicht werden könnte. Zwei Wege glaubte man damals beschreiten zu können, zum einen den der geduldigen Verhandlungen, die zu einer schrittweisen Verbesserung des Lebens führen würden, zum anderen den des anarchistischen Kampfes mit Terror und Attentaten, der durch Gewalt die Herrschenden zur Respektierung der Arbeiterwünsche veranlassen sollte.

Auch die österreichische Sozialdemokratie, noch in den Kinderschuhen steckend und unorganisiert, war zu diesem Zeitpunkt in sich gespalten. An und für sich war sie eine traditionelle gemäßigte Bewegung. Sie folgte den Grundsätzen von Ferdinand Lassalle, gründete Arbeiterbildungsvereine und führte bis 1873 eine Reihe von Demonstrationen und Versammlungen durch, die, wie die Presse der Zeit staunend bemerkte, „von außerordentlicher Disziplin" gekennzeichnet waren. Dennoch konnte und wollte sich der k. u. k. Staat nicht damit abfinden, daß hier eine neue politische Kraft entstand und versuchte durch immer schärfere Repression diese sozialdemokratische Bewegung zu unterdrücken. Einen ersten Höhepunkt fanden diese Bestrebungen im Wiener Hochverratsprozeß von 1870, als eine ganze Reihe von Arbeiterführern vor Gericht gestellt wurde, weil sie gegen das Verbot öffentlicher Kundgebungen verstoßen hatten.

Nun wuchs aber dadurch in weiten Teilen der Arbeiterschaft die Bereitschaft, die Durchsetzung ihrer Ziele mit Gewalt zu versuchen, und besonders am Beginn der achtziger Jahre fand die sogenannte „Propaganda der Tat" im Gegensatz zur „Propaganda des Wortes" unter der handarbeitenden Lohnarbeiterschaft der kleinen Handwerksbetriebe in den großen Städten eine breitere soziale Basis. Man begann sich im Geheimen zu organisieren, gründete Geheimgesellschaften und Geheimzirkel, las anarchistische Schriften und hatte naturgemäß einen harten Kampf gegen zwei Seiten zu führen. Zum einen gegen die Polizei, die es immer wieder verstand, die anarchistischen Geheimzirkel mit Lockspitzel zu durchsetzen, zum anderen gegen jene eigenen Parteigenossen, die den friedlichen Kampf auf ihre roten Fahnen geschrieben hatten.

Auch der Staat hatte eine reges Interesse an der anarchistischen Bewegung, sah er hierin doch die ideale Chance, die Sozialdemokratie aufzusplittern und sich durch die vorläufige Duldung, ja sogar Förderung von Anschlägen und Attentaten die Möglichkeit zu schaffen, mit größter Härte gegen die gesamte Sozialdemokratie reagieren zu können. Der Kampf wurde auch vom Ausland aus geführt. In New York hatte der aus Österreich geflüchtete Arbeiterführer Johann Most, auch er einer der Verurteilten im Wiener Hochverratsprozeß, die anarchistisch-radikale Zeitung „Freiheit" gegründet und führte von hier aus den Kampf gegen das franzisco-josephinische Österreich. Am 19. Mai 1883 erschien in der „Freiheit" ein von einem gewissen „A. Marmerek" gezeichneter Artikel, der wüste Beschimpfungen der Wiener Polizeiagenten Ferdinand Blöch und Franz Hlubek enthielt und zum gewaltsamen Widerstand gegen die beiden aufrief. Die Wiener Polizei wußte zu diesem Zeitpunkt schon längst, daß der Name „A. Marmerek" ein Pseudonym für den Wiener Anarchisten Anton Kammerer war, und sie wußte auch, daß Kammerer durchaus bereit war, von der reinen Propaganda zum blutigen Attentat überzugehen.

Man wird nie genau erfahren, wieviel die Polizei von Kammerers Plänen wirklich gewußt hat, aber es scheint doch sehr wahrscheinlich, daß sie durch ihre Agenten genau darüber informiert war, wer den Attentaten Kammerers zum Opfer fallen sollte. Auf höchste Weisung schritt man jedoch nicht ein, sondern wartete weiter ab. Gewalt sollte die Möglichkeit zur Gegengewalt bieten und eine noch bessere Unterdrückung der gesamten, also auch des friedlichen Teiles der Arbeiterbewegung ermöglichen.

Am 15. Dezember 1883 wurde aus den Plänen blutiger Ernst: Kammerer und sein Genosse Hermann Stellmacher, auch er in der Wiener Anarchistenszene bereits polizeibekannt, erschossen auf offener Straße den Polizeiagenten Franz Hlubek. In der Presse wurde Hlubek tags darauf als einfacher, armer „Polizei-Concipist" geschildert, der dem „roten Terror" zum Opfer gefallen wäre.

Die Polizei kannte die Täter, wartete aber weiter ab. Das nächste Opfer war nun kein Polizist, sondern eine andere verhaßte Feindfigur der anarchistischen Bewegung, ein „Kapitalist". Am 15. Jänner 1884 wurde der Wechselstubenbesitzer und Bankier Heinrich Eisert erschlagen und beraubt. Bereits 10 Tage später erfolgte die nächste Bluttat, als der Polizeiagent Ferdinand Blöch auf offener Straße erschossen wurde. Wie auch bei den beiden vorangegangenen Morden erschien am Tag nach dem Überfall auf Blöch ein handgefertigtes Flugblatt, das die Tat rechtfertigen sollte und das allgemein als ein Werk Kammerers und Stellmachers angesehen wurde.

Nun glaubte die Polizei, daß diese Taten, die in Wien unter der Bevölkerung großes Aufsehen erregt hatten, ausreichten, um in der Folge den Druck auf die Sozialisten zu verschärfen. Am 30. Jänner 1884 wurde über die Bezirke Wien, Wiener Neustadt und Korneuburg der Ausnahmezustand verhängt, und dieser bildete nun die Grundlage für eine Verfolgung und Unterdrückung der Arbeiterbewegung bisher ungekannten Ausmaßes. In der Sache der Attentate stellte man noch einige Zeit „Ermittlungen" an, und am 28. Februar 1884 wurden die beiden „Anarchisten" Stellmacher und Kammerer verhaftet. Kammerer versuchte sich noch den Weg freizuschießen, wurde aber rasch überwältigt.

Beide legten unmittelbar nach ihrer Verhaftung umfangreiche Geständnisse ab und erklärten, die Taten im „Dienst ihrer Partei" begangen zu haben, einen besseren Dienst konnten sie der Polizei und den staatlichen Behörden damit nicht leisten, die nun alle ihre Maßnahmen im nachhinein gerechtfertigt sahen.

Vieles an den nun folgenden weiteren Ermittlungen der Polizei und an den Prozessen gegen Stellmacher und Kammerer mutet recht seltsam an. Man erfuhr, daß die beiden der Polizei keine Unbekannten waren. Als sie sich 1883 vorübergehend in der Schweiz aufgehalten hatten, hatten sie sich als „Polizeikonfidenten", also als Spitzel der Wiener Polizei angedient, wobei besonders Kammerer, wie aus einem Brief an seine Frau hervorgeht, von höchsten Polizeistellen protegiert wurde. Man erfuhr auch, daß die Flugblätter, die nach jedem Mord erschienen waren, nicht von den Anarchisten produziert worden waren, sondern von der Wiener Polizei selbst.

Auch die anberaumten Prozesse fanden merkwürdigerweise so statt, daß es praktisch keine öffentliche Kontrolle gab. Gegen Stellmacher bildete man ein Ausnahmegericht unter dem als besonders scharf bekannten Richter Holzinger. Mehr oder weniger unter Ausschluß der Öffentlichkeit und der Presse wurde Stellmacher am 10. Juni 1884 zum Tode durch den Strang verurteilt. Das Todesurteil wurde am 8. August des Jahres in dem durch starke Polizeikräfte abgeriegelten Wiener Landesgericht vollzogen.

Offensichtlich um einen gemeinsamen Prozeß gegen beide Angeklagte zu vermeiden, hatte man sich bei Kammerer daran erinnert, daß er von der Armee desertiert war, und hatte ihn der Militärgerichtsbarkeit übergeben, die ihn in einer gleichfalls nicht öffentlich zugänglichen Militärgerichtsverhandlung ebenfalls zum Tode durch den Strang verurteilte. Die Frage, ob Stellmacher und Kammerer nicht vielleicht im Auftrag oder zumindest unter der Duldung der Polizeibehörden gemordet hatten, und, als diese ihr Ziel, die Diskreditierung der Sozialisten, erreicht hatten, beseitigt wurden, wurde später oft diskutiert, konnte aber nie wirklich schlüssig beantwortet werden.

Für die österreichische Sozialdemokratie unter ihrem Führer Victor Adler sollten sich die Attentate Stellmachers und Kammerers aber als positiv erweisen. Man sah nun ein, daß der bewaffnete Kampf durch Attentate und Gewalt nur einen umso stärkeren Gegendruck erzeugen würde, und setzte daher noch stärker auf eine friedliche

Lösung der sozialen Probleme. Am großen Einigungsparteitag von Hainfeld an der Jahreswende 1888/1889 hatte der Arbeiterradikalismus bereits seine Basis verloren, und selbst der einzige hier vertretene Exponent der Radikalen, der Grazer Johann Rießmann, sprach sich nun gegen den individuellen Terror aus. So gesehen hatten Stellmacher und Kammerer mit ihren Taten, gleich ob diese einer ehrlichen Überzeugung entsprangen oder von der Polizei gelenkt waren, doch der Sozialdemokratie einen großen Dienst erwiesen, nämlich ihr den Weg zur Einigung vorgezeichnet.

# Hugo Schenk und Karl Schlossarek 1884

Wenn am Ende des Jahres 1884 eine Mutter ihre Kinder ermahnen wollte, brauchte sie nur zu sagen: „Seid brav, weil sonst holen euch der Schenk und der Schlossarek!", und sie konnte sicher sein, daß dann Ruhe herrschte. Denn diese beiden Namen waren zu jener Zeit ein Synonym für Grausamkeit und ruchlose Verbrechen, die den Zeitungen und Gazetten für Monate Stoff lieferten.

Hugo Schenk kam eigentlich aus einem anderen kriminellen Milieu: Weil er so fesch war, hatte er es mit Heiratsschwindel versucht, aber der brachte ihn bloß für zwei Jahre in die Strafanstalt von Stein. Warum Zeugen hinterlassen, muß er sich dort gedacht haben, und kaum war er wieder in Freiheit, geht er mit seinem Komplizen Karl Schlossarek wieder auf „Brautschau". Zur „Eheanbahnung" verwendet er Zeitungsinserate, und sein erstes Opfer, die 34jährige Josephine Timal, glaubt tatsächlich in dem feschen Herrn „Bahningenieur" das große Glück gefunden zu haben.

Die vorgezogene Hochzeitsreise endet aber schon nach kurzer Fahrt in einem Wald bei Mährisch-Weißenkirchen: Die betäubte Josephine wird mit einem Stein beschwert und in einem Tümpel versenkt. Als sich dann nach einiger Zeit die Tante Josephines, Katharina Timal, nach dem Befinden des Hochzeitspaares erkundigt, wird sie von Schenk nach Wien eingeladen, nach Krummnußbaum gelockt und dort im Auwald erstochen. Auf bewährte Weise verschwindet die Leiche mit einem Stein um den Hals in der Donau.

Das nächste Opfer ist die ein wenig naive Köchin Theresia Ketterl, mit der Schenk zynisch „russisches Roulette" spielt, ohne ihr aber zu verraten, daß er die zunächst leere Pistole heimlich nachgeladen hat. Theresia schießt sich ahnungslos selbst in den Kopf, und Schenk und Schlossarek haben wiederum ein Sparbuch eines armen Dienstboten zu plündern.

Erfolgsgewohnt beschließen nun die beiden, in großem Stil zu arbeiten und nehmen gleich mit mehreren Damen gleichzeitig Kontakt auf. Eine davon, die 33jährige Köchin Rosa Ferenczy, ist zu unvorsichtig und verrät Schenk die Höhe ihres Sparbuches. Ein Spaziergang in der Au bei Preßburg beendet daraufhin ihr Leben. Nun machen aber Schenk und Schlossarek den entscheidenden Fehler: Diesmal sind sie beim Verschwindenlassen der Leiche nicht so gründlich wie sonst, und es bleiben Kleidungsreste und Blutspuren am Tatort zurück. Diese werden gefunden und geben zu allerlei Spekulationen Anlaß.

Inzwischen ist dem Leiter des Wiener Sicherheitsbüros die Häufung von Abgängigkeitsanzeigen betreffend Dienstboten aufgefallen, und als er erfährt, daß alle Verschwundenen kurz vor ihrem Tode Heiratsannoncen beantwortet haben, hat er endlich den Ansatzpunkt für weitere Ermittlungen. Zunächst läßt er die Kartei der gerichtsbekannten Heiratsschwindler überprüfen und stößt dabei auf Hugo Schenk, der auffallend jener Beschreibung gleicht, die man vom letzten Begleiter der verschwundenen Josephine Timal besitzt. Daraufhin wird Schenk am 16. Jänner 1884 in der Wohnung seines Komplizen Schlossarek in der Sturzgasse 1 im 15. Wiener Gemeindebezirk festgenommen. Bei der folgenden Untersuchung der Wohnung wird eine ganze Reihe von Habseligkeiten gefunden, die mit einigen auf der Liste der abgängigen Frauen in Verbindung gebracht werden können.

Die Beweise sind eindeutig, der Prozeß ist nur kurz, und bereits am 22. April 1884 werden die beiden hingerichtet, auf einem Doppelgalgen im Hof des Wiener Landesgerichtes. 141 Gulden und 20 Kreuzer verrechnet der Wiener Scharfrichter Heinrich Willenbacher für die „Justifizierung" des „Blaubartes" von Wien, der in den Quellen als schöner, glutäugiger Mann geschildert wird und dem die Heurigensänger Wiens noch geraume Zeit ihre herzergreifenden Moritaten widmen.

# *Franz und Rosalie Schneider 1891*

Am 27. Juli 1891 erschien in den Wiener Zeitungen eine Meldung, die lautete:

*LEICHENFUND*

*Frauensperson über 18, jedoch unter dreißig Jahre alt. 150–160 cm groß, gut genährt, mit dunkelblonden langen Haaren, Gesichtszüge infolge hochgradiger Verwesung nicht mehr zu erkennen, wurde am 23. d. M. im Dreiföhrenwalde in einem Dickicht, mit einem schmutzigen, ½ cm breiten Bande um den verwesten Hals versehen, als Leiche aufgefunden. Sie dürfte mindestens 14 Tage daselbst gelegen sein, war mit rot- und weißgestreiftem Unterrock, weißem Hemde mit grauem Mieder, weißen Strümpfen, roten Gummistrumpfbändern und schwarzem Strohhut mit Rosenbukett und schwarzen Bändern geputzt, bekleidet. Oberkleider, Schuhe usw. fehlten. An der Leiche waren Spuren einer Gewalttat nicht ersichtlich. Der Strohhut befindet sich beim hiesigen Gerichte deponiert. Gendarmeriepostenkommando Neulengbach, 26. 7. 1891.*

Viele Leser mögen nur flüchtig über diese Notiz gelesen haben, aber dem Wiener Goldarbeiter Karl Hornung verschwammen die Zeilen vor den Augen. Die Beschreibung paßte genau auf seine seit mehreren Wochen verschwundene Braut, das Dienstmädchen Marie Hottwanger. Diese war damals zu einem Stellenvermittlungsbüro am Franziskanerplatz gegangen, aber vor der Türe von einer Frau angesprochen und zu einer Dienststelle nach Rekawinkel vermittelt worden. Gemeinsam mit dem Ehemann der Frau, der inzwischen in einem nahen Gasthause gewartet hatte, hatte man die Sachen der Marie von ihrer alten Stelle abgeholt und war sofort aufgebrochen. Seither war die Marie verschwunden gewesen.

Der Goldschmied ging zur Polizei, und wenig später stand er vor dem Ende all seiner Hoffnungen, als er in der halbverwesten Leiche seine Braut identifizieren mußte. Das einzige, mit dem er der Polizei helfen konnte, war die Beschreibung des verdächtigen Ehepaares, mit dem die Marie nach Rekawinkel gefahren war, und die Adresse der Villa, in der sie den Dienst hätte antreten sollen.

Natürlich existierte die Villa nicht, aber als die Beamten in der Gegend amtierten, kam gerade die Anzeige eines vergewaltigten Dienstmädchens herein, wobei der Täter dasselbe „Signalement" hatte wie der Mann im Falle der Marie Hottwanger. Und auch die Vorgangsweise war dieselbe gewesen: das Angebot einer guten Stelle bei einer „Baronin" und der sofortige Aufbruch von Wien.

Ein Gastwirt konnte sich erinnern, daß der Mann, der mit dem später vergewaltigten Mädchen bei ihm eingekehrt war, Franz Schneider hieß und aus Wien war, mehr brauchte die Polizei nicht, und nur zwei Tage später war Franz Schneider gemeinsam mit seiner Ehefrau Rosalie ausgeforscht und verhaftet.

Beim Durchsuchen der Wohnung erlebten die Polizeibeamten eine gehörige Überraschung: Sie fanden nicht nur Gegenstände, die der ermordeten Marie Hottwanger gehört hatten, sondern eine ganze Reihe von Dienstbotenbüchern, die Frauen eigneten, die in letzter Zeit als vermißt gemeldet waren.

Man begann Rosalie Schneider zu verhören. Sie schwieg eisern, aber plötzlich sprang sie auf, warf sich durch das geschlossene Fenster des Verhörzimmers und stürzte in den Hof des Gefangenenhauses in der Theobaldgasse. Wie durch ein Wunder wurde sie nur leicht verletzt, aber sie war schwer geschockt und begann nun zu reden. Was die abgebrühten Kriminalisten hier zu hören bekamen, übertraf alle ihre Erwartungen: Neben dem Mord an Marie Hottwanger gestand Rosalie Schneider auch noch zwei weitere Morde an Dienstmädchen. Man hatte den Mädchen gute Posten versprochen und sie von Wien aus in den Wald von St. Christophen gelockt, dort hatte sie Franz Schneider brutal erwürgt. Die armseligen Sparbücher der Mädchen wurden geplündert, dann machte man sich auf die Suche nach dem nächsten Opfer.

Am 25. Jänner begann der Prozeß gegen das mörderische Ehepaar, und jeder der beiden versuchte nun dem anderen die Schuld in die Schuhe zu schieben. Rosalie stellte sich als schwaches Weib dar, dem brutalen Franz ausgeliefert; der sah sich wiederum hörig der dämonischen Rosalie gegenüber. Als Rosalie sich nur als „Werkzeug“ bezeichnete, nahm sogar der Staatsanwalt Franz Schneider in Schutz und nannte ihn eine „Würgemaschine“, bedient von Rosalie Schneider.

Das Urteil fiel dementsprechend hart aus: Beide wurden zum Tode durch den Strang verurteilt. Franz Schneider wurde am 17. März 1892 gehängt, seine Frau zu lebenslänglicher Haft begnadigt, die sie in der Strafanstalt Neudorf bei Wien abzubüßen hatte.

Franz Schneider hat seinen Kopf der Medizin vermacht, eine Abformung seines Schädelskelettes sollte Studenten der Forensik den Kopf eines Mörders deutlich machen, heute befindet sich diese Kuriosität im Wiener Kriminalpolizeilichen Museum.

# Adolf Hofrichter 1909

Josef Boka war ein „Pfeifendeckel", ein Offiziersbursche, und gewohnt, möglichst schnell das zu tun, was ihm sein gestrenger Herr, der Hauptmann im Generalstab Richard Mader, aufgetragen hatte. Als er von einem seiner Besorgungsgänge am 17. November 1909 in die Wohnung seines Herrn im zweiten Stock des Hauses Hainburgerstraße Nr. 56 zurückkehrt, ist diese still, zu still, weil Boka weiß, daß Hauptmann Mader zu Hause ist. Er beginnt seinen Herrn zu suchen und findet ihn, mit verzerrtem Gesicht tot am Boden neben der Küchentür liegend, die Fingernägel blutig abgebrochen, so fest muß er in seiner letzten Sekunde die Hände in den Boden gekrallt haben.

Der eiligst herbeigerufene Arzt stellt sofort fest, daß Mader mit Zyankali vergiftet worden ist, ein leichter Geruch nach Bittermandeln hängt noch in der Luft. Der Tod eines hohen Generalstabsoffiziers löst sofort eine Kette von Reaktionen aus, schließlich ist nicht auszuschließen, daß hier eine feindliche Macht ihre Hand im Spiel hat. Bei der Durchsuchung der Wohnung findet man aber etwas Seltsames: ein Päckchen von einem gewissen Charles Francis mit der Anpreisung eines Potenzmittels, und Mader, der in Kürze Damenbesuch erwartete, hat offensichtlich die dazugehörige Oblatenkapsel, in der sich das Zyankali befand, geschluckt.

Und noch etwas erfährt die Kommission des Kriegsministeriums sehr schnell: Insgesamt haben 9 weitere Offiziere, alle vom selben Jahrgang der Kriegsschule und erst vor kurzem in den Generalstab befördert, solche tödlichen Packungen erhalten. Es war klar, irgend jemand versuchte auf diese Weise den österreichischen Generalstab auszurotten, aber warum und vor allem, wer hatte Grund dazu? Der Chef des Sicherheitsbüros, Hofrat Moritz Stuckart, glaubt nicht an einen politischen Hintergrund der Tat. Für ihn ist es ein Akt persönlicher Rachsucht oder gekränkter Eitelkeit, und als er erfährt, daß in diesem Jahr nicht wie sonst die ersten 30 Absolventen des Kriegsschuljahrganges zum Generalstab berufen wurden, sondern nur die ersten 15, vermutet er den Mörder unter den übergangenen Offizieren. Man fragt nun in den Garnisonen nach, welche der in Frage kommenden Offiziere zu einer bestimmten Zeit – man kennt das Datum und den Ort der Aufgabe des Briefes, der die tödliche Ware transportierte – nicht in seinem Standort war. Man stößt dabei auf Oberleutnant Adolf Hofrichter vom Infanterieregiment Nr. 14 in Linz, der am fraglichen Abend in Wien am Westbahnhof angekommen ist. Und direkt neben dem Westbahnhof liegt das Postamt, das die Briefe mit dem Zyankali angenommen hat.

Hofrichter wird verhaftet und leugnet konsequent, denn er weiß, nach der alten Militärgerichtsordnung, der berüchtigten „Nemesis Theresiana", kann er nicht zum Tode verurteilt werden, solange er nicht gesteht. Man weist ihm alles nach: daß er Zyankali besessen und die Oblatenkapseln gekauft hat, daß die Schrift auf dem Begleitschreiben vermutlich die seine ist. Daraufhin bricht Hofrichter zusammen und gesteht, widerruft aber einen Tag später sein Geständnis, das nach der Rechtsordnung der Armee nun nicht mehr gegen ihn verwendet werden darf. Dennoch verurteilt man ihn in einem Militärgerichtsverfahren, das von 23. von 25. Mai 1910 im Wiener Garnisonsgericht am Hernalser Gürtel stattfindet, zum Tode, setzt aber im Gnadenwege die Strafe auf lebenslangen Kerker herab.

Als der Erste Weltkrieg ausbricht, meldet sich Hofrichter freiwillig an die Front, aber nicht einmal hier möchte das Militär mit ihm zu tun haben, und er bleibt im Gefängnis. Als 1918 die Monarchie zusammenbricht, übernimmt er, nachdem die Wachen geflohen sind, das Kommando über die Militärstrafanstalt Möllersdorf und übergibt sie den Vertretern der neuen Regierung. 1927 begnadigt ihn die junge Republik, und Hofrichter darf auch seinen Namen ändern. Als Adolf Richter entschwindet er aus der Geschichte. Karl Kraus, dem man wirklich keine Sympathien für die Offiziere der Monarchie nachsagen konnte, schrieb über den Fall: „Gegen die Schuld Hofrichters spricht die unwahrscheinliche Dummheit, mit einem notorischen Handwerkszeug einen Giftmord zu verüben und zu hoffen, daß er dem Verdacht durch Harmlosigkeit begegnen könnte."

# Christian Voigt 1910

Der Name „Jack the Ripper“ geistert seit seinem mysteriösen Auftreten im London des Jahres 1888 durch die Kriminalliteratur. Wer aber weiß, daß auch Wien seinen „Aufschlitzer“ hatte, nur daß dieser im Gegensatz zu seinem englischen Vorbild bald gefaßt und der Justiz zugeführt werden konnte?

Die Geschichte beginnt an einem warmen Sommersonntag, am 14. Juli 1910. Am Morgen dieses Tages fanden spielende Kinder unter einem Gebüsch in der „Binder-Au“ am Dürnkrutplatz im 2. Wiener Gemeindebezirk die fürchterlich zugerichtete Leiche einer jungen Frau. Der Körper war halb entblößt und aufgeschlitzt, die inneren Organe teilweise herausgerissen. Die erste gerichtsmedizinische Untersuchung erbrachte denn auch, daß es sich bei der Tat zweifelsohne um einen Lustmord handeln mußte.

Die Polizei benötigte einige Tage, um die Tote zu identifizieren und um herauszufinden, daß es sich dabei um die 20jährige Dienstmagd Josefine Peer aus Lechen in der Steiermark handelte. Von ihren ehemaligen Dienstgebern wurde sie als „unstet“ bezeichnet, ein Ausdruck dafür, daß sie oft den Arbeitsplatz wechselte und es an keiner Stelle lange aushielt. Und noch eine wichtige Information erhielt man: Josefine war nicht nur Dienstmagd, sondern arbeitete gelegentlich zur Aufbesserung ihres schmalen Einkommens als Geheimprostituierte.

An und für sich war dies in der sonst so gemütlichen Reichs- und Residenzhauptstadt Wien nichts besonderes. Die Stadt war voll von jungen Männern und Mädchen in niederen Dienstpositionen, die es sich einfach kaum leisten konnten, zu heiraten und eine Familie zu gründen, so daß der Prostitution Tür und Tor geöffnet waren. Zwar versuchten die Polizeibehörden die Prostitution mittels Bordelle und einer rigorosen gesundheitlichen Überwachung der Dirnen zu steuern, aber viele Mädchen dachten gar nicht daran, sich den

„Deckel", den Gesundheitsausweis, zu holen und sich wöchentlich auf Geschlechtskrankheiten kontrollieren zu lassen. Sie gingen ihrem Geschäft in den Parks nach, in dunklen Nebengassen und verschwiegenen Hausecken. Liest man den etwa zur selben Zeit entstandenen Roman der „Josefine Mutzenbacher", so erhält man einen guten Eindruck über das Sexualleben der niederen Stände und über das Elend der Mädchen, die nur überleben konnten, indem sie ihren Körper verkauften.

Die forensische Inspektion der Leiche ergab außerdem den blutigen Abdruck eines Handballens am Körper der Toten, der – eine kriminalistische Neuheit – sorgfältig photographiert und das Photo den Akten beigelegt wurde. Der Polizei war auch klar, daß in diesem Fall der Fundort der Leiche nicht mit dem Tatort übereinstimmte. Josefine Peer hatte im 20. Bezirk gewohnt, in der Klosterneuburgerstraße, und sich dort und in den nahen Donauauen ihre Kunden gesucht. Also konzentrierte man sich zunächst auf die Männer ihrer unmittelbaren Wohnumgebung und stieß bei den Nachforschungen auf den in der Nähe wohnenden 32jährigen Zimmermannsgehilfen Christian Voigt. Voigt stammte aus Bayern, also schrieb man an die dortigen Behörden mit der Bitte um Auskunft über den Mann. Nach einigen Tagen kam ein umfangreiches Aktenstück zurück, und ein Blick in sein Strafregister erregte die Aufmerksamkeit der Kriminalisten. Christian Voigt war ein Mörder. Er hatte im Jahre 1902 im bayrischen Lauscha einen Lustmord begangen und war damals als „gemeingefährlicher Geisteskranker" in die Irrenanstalt Bayreuth gesteckt worden. Nach einigen Jahren hatte man ihn aber als geheilt entlassen, und er war nach Wien gewandert, wo er sich als Handwerker verdingte.

Voigt hatte aber aus seiner ersten Verhaftung gelernt und schwieg eisern bei den Verhören. Da erinnerte sich einer der Kriminalbeamten an den blutigen Handabdruck auf der Leiche, man nahm die Abdrücke Voigts auf und begann sie mit denen vom Tatort zu vergleichen.

Das Vergleichen von Fingerabdrücken, auch Daktyloskopie genannt, war zu dieser Zeit eine ganz neue Methode in der Kriminalistik. Erst mit einem Polizeidirektionserlaß vom 14. Jänner 1905 war diese Methode in Wien zum Nachweis von Tatverdächtigen zugelassen worden, und kaum jemand in Wien hatte bisher damit Erfahrung sammeln können. Dabei war die Methode schon länger bekannt. Schon 1823 hatte der Prager Professor für Pathologie, Johann Pukinje, erkannt, daß bei jedem Menschen die Papillarlinien der Finger und Hände ein unterschiedliches Muster bilden. Jedoch erst 1877 hatte William Herschel, britischer Verwaltungsbeamter in Indien, nach 20jähriger Selbstbeobachtung nachweisen können, daß sich diese das ganze Leben des Menschen hindurch nicht verändern. Vor allem aber konnte er zeigen, daß niemals zwei Menschen exakt das gleiche Muster aufweisen. An einen Einsatz in der Kriminalistik dachte dann zum ersten Male der schottische Arzt Henry Faulds 1880 in Tokyo, das Problem lag aber darin, ein weltweit anerkanntes Registriersystem zu finden. Diese Aufgabe löste ein in Buenos Aires arbeitender Verwaltungsangestellter der Polizei, Johann Vucetich, und 1896 konnte Edward Henry, wiederum ein in Indien tätiger englischer Polizist, alle Forschungsergebnisse zusammenfassen und eine weltweit gültige Methode zur Vergleichung von Fingerabdrücken vorstellen. Nach Wien kam die Daktyloskopie durch den Polizeioberkommissär Camillo Windt, der sie auf einer Studienreise in England kennengelernt hatte und sie der Wiener Polizei empfahl, die sie 1905 offiziell als Methode zum Nachweis von Tatverdächtigen anerkannte.

Die Ergebnisse des Vergleiches der Handabdrücke des Zimmermannes Christian Voigt mit dem blutigen Abdruck auf der Leiche Josefine Peers fiel eindeutig aus: Christian Voigt mußte der Mörder sein.

Am 17. August 1910 wurde er verhaftet und gestand unter der Last der Beweise die blutigen Details der Tat. Er kannte Josefine Peer von den Schenken und Wirtshäusern des 20. Bezirkes und war auch schon öfters ihr „Freier" gewesen. Am Abend des 13. Juli hatte er sich wieder mit ihr am Cricket-Sportplatz hinter einer Planke getroffen, aber diesmal „sei es ihn überkommen und dann wisse er nichts mehr", erst als die Dirne tot war, wäre er wieder zu sich gekommen. Um die Tat zu verschleiern, habe er die Leiche genommen und bis zur Binder-Au geschleppt, wo er sie unter dem Gebüsch zurückließ.

Der Prozeß gegen Christian Voigt fand am 21. Oktober 1910 vor einem Schwurgericht statt, und das Urteil lautete auf Tod durch den

Strang, allerdings wurde er auf Grund seines offensichtlich gestörten Geisteszustandes der besonderen Gnade des Kaisers empfohlen. Kaiser Franz Joseph, der überhaupt nicht gerne Todesurteile unterschrieb, hatte ein Einsehen und wandelte die Strafe in lebenslange Verwahrung in einer Irrenanstalt um. Die Daktyloskopie aber hatte ihren Wert zur Aufklärung von Verbrechen erwiesen und zählte fortan zum unverzichtbaren Rüstgut der Wiener Polizei.

# Oberst Alfred Redl 1913

Die vier Offiziere gingen unruhig in der Herrengasse auf und ab. Obwohl es die Nacht des 24. Mai 1913 ist, ist es kühl, und die vier Männer haben die Kragen ihrer hechtgrauen Mäntel hochgeschlagen. Von Zeit zu Zeit blicken sie zur Fassade des Hotels Klomser in der Herrengasse hoch, als könnten sie hindurchsehen bis zum Zimmer Nr. 1, das auf der Hofseite liegt und in dem ein einsamer Mann, der bis vor wenigen Stunden für sie ein geachteter Kamerad war, seinen letzten Brief schreibt. Sie warten in aller Ruhe, warten auf einen Schuß, der dem Leben des größten Spions Rußlands in der k. u. k. Monarchie eine Ende setzen wird. Um fünf Uhr früh sind sie jedoch mit ihrer Geduld am Ende, sie schicken einen Kriminalbeamten in Zivil in das Hotel, der mit der „gebotenen Diskretion" feststellen soll, ob Oberst Alfred Redl noch am Leben ist, oder ob er den einzig ehrenhaften Tod gefunden hat, der einem Offizier zusteht: den durch die Waffe.

Das Haus, vor dem die vier Herren die kalte Samstagnacht verbringen, hat seine eigene Geschichte. Es ist Teil des alten Palais Orsini-Rosenberg und beherbergt seit 1870 das Hotel Klomser, in dem vor allem gerne die Armeeoffiziere absteigen, wenn sie dienstlich in Wien zu tun haben.

So ist auch Oberst Redl nach Wien gekommen, aus seiner Garnison in Prag mit seinem Privatwagen. Zum einen sollen einige Kleinigkeiten am Auto in Wien verbessert werden, zum anderen möchte der homosexuelle Redl seinen Geliebten, den in Stockerau stationierten Ulanenleutnant Stefan Horinka, treffen. Und noch etwas hat Redl vor: Er will wieder einmal sein Honorar beheben, ein Honorar, das ihm das Zarenreich Rußland bezahlt, damit er ihm die sorgsam gehüteten Pläne des österreichischen Generalstabes überläßt. Wahrscheinlich hätte er sie ihm auch umsonst geliefert, denn die skrupellosen Russen erpressen ihn seit über zwölf Jahren, seitdem sie erfahren haben, daß er homosexuell ist und sich junge Offiziere als Geliebte hält.

Aber man ist ihm bereits auf den Fersen. Seitdem Redl sein Honorar behoben hat, wird er beschattet. Als er ein Taxi nimmt, verlieren die Bewacher zwar kurz seine Spur, aber just in diesem Taxi läßt er ein Taschenmesser-Futteral mit seinem Namen darauf liegen. Nun wissen die Beamten, daß der geheimnisvolle Nikon Nizetas, der regelmäßig enorm hohe Geldbeträge aus Rußland erhält, niemand anderer ist als ein hoher Offizier des Generalstabes. Redl muß geahnt haben, daß seine Doppelexistenz sich ihrem tragischen Ende näherte, denn schon beim Abendessen mit seinem Freund, dem Staatsanwalt Viktor Pollak, ergeht er sich in dunklen Andeutungen über Verfehlungen. Als er kurz vor Mitternacht ins Hotel Klomser zurückkehrt, schreibt er zwei Abschiedsbriefe. Auf seinem Nachtkästchen liegt eine Schnur, mit der er sich zu erdrosseln gedenkt.

Aber um Punkt Mitternacht klopft es an seiner Türe, und herein treten vier seiner Kameraden. Redl weiß, warum sie kommen, und es ist ihm klar, daß er das Zimmer Nr. 1 im Hotel Klomser lebend nicht mehr verlassen wird. Ob er selbst um eine Schußwaffe gebeten hat oder ob man ihm diesen Tod aufgezwungen hat, kann heute niemand mehr mit Sicherheit sagen. Tatsache ist, daß er gegen fünf Uhr morgens tot aufgefunden wird. Die Armee unternimmt zwar in der Folge alles, um diesen Skandal zu vertuschen, aber ein junger, findiger Journalist der Prager Zeitung „Bohemia", der später so berühmte „rasende Reporter" Egon Erwin Kisch, verzeichnet mit der Aufdeckung dieses Falls seinen ersten sensationellen Erfolg.

Nur zwei Jahre später geht am Beginn des Ersten Weltkrieges die Stadt Lemberg (Lwów) überraschend schnell an die Russen verloren, aber wohl keiner der russischen Soldaten ahnte, daß sie diesen Erfolg einem Mann verdankten, der verstrickt in den Fängen des zaristischen Geheimdienstes und seiner sexuellen Passion, zum Opfer auch einer politischen Konstellation geworden war.

# Franz Schuhmeier 1913

Laut alten Zeitungsberichten war der 11. Februar 1913 ein naßkalter Tag. Dennoch schien Franz Schuhmeier gut gelaunt, als er am späten Nachmittag dieses Tages den Zug am Wiener Nordwestbahnhof nach Stockerau bestieg, um dort auf einer Wahlkundgebung zu sprechen.

Er hatte auch allen Grund dazu, gut gelaunt zu sein. Er war zu diesem Zeitpunkt der unumstritten beliebteste Politiker des sozialdemokratischen Lagers in Wien, an Popularität hatte er den 1910 verstorbenen Bürgermeister Karl Lueger, dessen erbittertster politischer Konkurrent er gewesen war, fast eingeholt. Im Jahre 1910 hatte er Luegers Mandat im niederösterreichischen Landtag erobern können, und seit 1911 saß er auch im Reichsrat, gewählt von der Arbeiterschaft der Wiener Bezirke Leopoldstadt und Ottakring. Dabei stammte Schuhmeier aus einfachsten Verhältnissen. Seine Familie war so arm, daß sich sein 13jähriger Bruder als „Buttenträger", also jemand, der Wasser in die Wohnungen zu tragen hatte, verdingen mußte und dabei tödlich verunglückte. Franz Schuhmeier war ein kluger, aufgeweckter Schüler, und so bot man ihm einen Freiplatz im Priesterseminar St. Pölten an, die einzige Gelegenheit damals für Arbeiterkinder, höhere Bildung zu erwerben. Aber nicht einmal diese Chance konnte er ergreifen, weil seine Eltern ihm nicht die nötige Wäscheausstattung für das Seminar mitzugeben vermochten. Stattdessen wurde er Hilfsarbeiter in einer Druckerei, und von dort aus begann er seinen Aufstieg zum berühmtesten Sozialistenführer Wiens. War Alfred Adler der „Hofrat der Revolution" und schuf dieser die Theorie der sozialdemokratischen Bewegung, so war Franz Schuhmeier der charismatische Führer, dem die Arbeiter als ihresgleichen vertrauten.

Die Wahlrede in Stockerau war für ihn eine Routineaufgabe, ein Tag wie jeder andere im Leben eines Politikers, der seine Partei für die nächsten Wahlen zu unterstützen hat. Was Schuhmeier nicht wußte, war, daß er zur selben Zeit, als er den Zug bestieg, bereits beobachtet wurde, beobachtet von Paul Kunschak, seinem Mörder.

Paul Kunschak – sein Bruder Leopold Kunschak sollte in der Ersten Republik christlicher Gewerkschafter, Wiener Gemeinderat und Landtagsabgeordneter der christlichsozialen Partei werden – stammte wie Schuhmeier aus ärmsten Verhältnissen. Anfangs sympathisierte er mit den Sozialdemokraten und lernte auch Schuhmeier im Ottakringer Arbeiter-Bildungsverein kennen. Er wandte sich aber bald dem katholischen Lager zu, arbeitete mehrere Jahre in Argentinien, Südafrika und London, ehe er 1904 wieder nach Wien zurückkehrte. Und hier hatte er bald nach seiner Ankunft jenes „Schlüsselerlebnis", das ihn Jahre später dazu treiben sollte, Franz Schuhmeier zu ermorden: Im Jänner 1905 fand er eine Arbeitsstelle bei dem Elektrokonzern Siemens-Schuckert, verlor diese aber bald wieder, weil er sich standhaft weigerte, der Gewerkschaft beizutreten. Zwar verklagte er die dafür zuständigen Gewerkschaftsfunktionäre und gewann auch den Prozeß, aber nun kannte man den Paul Kunschak, und wo er auch Arbeit annahm, wurde er von seinen Arbeiterkollegen geschnitten und mußte die Arbeitsstelle bald wieder aufgeben.

Ab 1911 suchte Paul Kunschak keine Arbeit mehr, er lebte allein von seinen Auslandsersparnissen und dachte nach, wie er sich an den Sozialisten rächen konnte. Der beste Weg dazu – so sein Entschluß – müßte der Mord an einem prominenten Genossen sein. Und da bot sich Franz Schuhmeier für ihn als ideales Opfer an, auf ihn projizierte er nicht nur seinen Haß auf die Sozialisten, sondern auch seinen persönlichen Gram, hatte Schuhmeier doch alles erreicht, was ihm versagt geblieben war: Er war beliebt, saß im Reichstag und spielte eine führende Rolle im politischen Leben – genug Gründe für Kunschak, ihn als Opfer für das Attentat auszuwählen.

Anfangs 1913 erfährt Kunschak, daß Schuhmeier am 11. Februar 1913 auf einer Wahlkundgebung in Stockerau sprechen wird. Schuhmeier und Kunschak nehmen denselben Zug am Nachmittag nach Stockerau, aber Kunschak, der Schuhmeier noch im Zug erschießen wollte, verläßt der Mut. Er steigt bereits in Korneuburg aus und setzt sich in ein Gasthaus, um zu Abend zu essen. Dann beschließt er, nach Wien zurückzufahren und am Bahnhof auf sein Opfer zu warten. Mit dem Zug fährt er von Korneuburg zurück nach Wien, pünktlich um 22.37 Uhr trifft er in Wien ein. Kunschak steigt aus und sucht sich eine Stelle in der Bahnhofshalle, um Schuhmeier zu erwarten, als er diesen plötzlich auf sich zukommen sieht; durch Zufall hat der Sozialistenführer neuerlich denselben Zug benutzt.

Kunschak handelt nun blitzschnell: Er holt seine Pistole aus der Tasche, zielt kurz und streckt Schuhmeier mit den Worten „Das ist meine Rache!" aus einer Distanz von fünf Schritten mit einem Schuß nieder. Schuhmeier wird in den Kopf getroffen und ist sofort tot.

Nun entsteht Panik in der Bahnhofshalle, aufgeschreckt durch den Schuß, laufen die Leute nach allen Seiten davon, zwei mutige Eisenbahner fassen jedoch den Täter, der sich gegen seine Festnahme nicht einmal wehrt. „Auslassen, ich mache nichts mehr", ruft Kunschak, „ich habe meine Tat vollbracht!" und läßt sich widerstandslos von der Polizei abführen.

Bei der Verhandlung passiert nun etwas sehr Sonderbares, etwas, das vielleicht mehr als vieles andere zeigt, wie sehr sich die k. u. k. Monarchie von ihrer Nachfolgerin, der Ersten Republik, unterschied: Die christlichsoziale Presse hatte wochen- und monatelang versucht, für den Täter Stimmung zu machen, hatte alle möglichen Entlastungsgründe für Kunschak geltend gemacht, etwa in dem Stil, den das „Deutsche Volksblatt", eine christlichsoziale Zeitung, anschlug: *„Was muß der Mann gelitten haben, der die Waffe gegen Schuhmeier richtete, als den Repräsentanten jener Partei, die, blind einem jüdischen Parteidogma gehorchend, mit wirtschaftlicher Vernichtung gegen ihn vorging, ihm das Recht auf Arbeit, die Freiheit des Erwerbes raubte, weil er seine politische Überzeugung nicht ändern wollte."*

Aber bereits der Vorsitzende des Gerichtes widersprach heftig dieser Version und meinte zu Kunschak: „Sie haben keinen Anlaß zur Verzweiflung gehabt, und eine Verzweiflungstat kann man das nicht nennen; denn sie haben sich eineinhalb Jahre vorbereitet." Die Geschworenen, nur Männer, denn Frauen waren damals noch nicht zugelassen, waren nun die letzte Hoffnung Kunschaks, wobei die Mehrzahl von ihnen als kleine Gewerbetreibende politisch sicher im christlichsozialen Lager stand. Aber die später viel geschmähte „Klassenjustiz" der Ersten Republik kannten diese Kleinbürger noch nicht, oder wollten sie auch nicht als Rechtsgrundlage eines Staates anerkennen. Sie richteten streng nach dem Buchstaben des Gesetzes:

Paul Kunschak wurde des Mordes schuldig gesprochen und zum Tod durch den Strang verurteilt.

Gegen dieses Urteil kämpften nun – die Sozialdemokraten an. Sie hatten den Kampf gegen die Todesstrafe auf ihre Fahnen geschrieben, Resolutionen dieses Inhaltes trugen auch die Unterschrift Franz Schuhmeiers. Sogar dessen Witwe Cäcilie setzte sich dafür ein, dem Mörder ihres Mannes den Gang zum Würgegalgen zu ersparen. Mit Erfolg: Paul Kunschak wurde vom Kaiser begnadigt und zu 20 Jahren Kerker verurteilt, am 20. November 1918 amnestiert und aus der Haft entlassen.

Franz Schuhmeier hat man am 16. Februar 1913 in Wien zu Grabe getragen, 250.000 Menschen säumten die Straßen, durch die der Leichenzug führte. Ein ähnlich großes Begräbnis hatten die Wiener erst einmal gesehen, im Jahre 1910, als man Bürgermeister Karl Lueger begrub, den großen Gegner Schuhmeiers. Hatte man aber Luegers Sarg über die Ringstraße zum Zentralfriedhof durch ein Spalier von Bürgern und Gewerbetreibenden geleitet, so führte Schuhmeiers Begräbnis durch die von Arbeitern dicht gesäumten Straßen des Wiener Arbeiterbezirkes Ottakring. Hier hatte er gelebt und gewirkt, auf dem Friedhof des Bezirkes inmitten der Gräber anderer Arbeiter fand jener Mann seine letzte Ruhe, dem es nach Wilhelm Ellenbogen „... wie keinem anderen gegeben war, auf den Saiten der Volksseele mit so genialer Kunstfertigkeit zu musizieren."

# Friedrich Adler 1916

Wir schreiben das Jahr 1916. Seit zwei Jahren tobt auf Europas Schlachtfeldern der Erste Weltkrieg, Tausende sterben oder werden für ein Leben lang verkrüppelt sein. Man hat sich inzwischen an die Todesanzeigen gewöhnt, ist abgestumpft, der Tod für das Vaterland und das Töten für das Vaterland gelten weiterhin als heldenhaft. Und da passiert mitten in Wien, in der Speisehalle des bekannten und beliebten Hotels Meißl & Schaden ein Mord, und nun scheint wieder alles ganz anders zu sein, vorbei mit dieser seltsamen Lethargie dem Töten und Sterben gegenüber.

Der Mörder war der junge Dr. Friedrich Adler, Sohn des berühmtesten Sozialistenführers seiner Zeit, des „Hofrates der Revolution", Dr. Viktor Adler. Was trieb diesen hochgebildeten Mann dazu, dem tausendfachen Tod, mit dem sein Land zu jener Zeit konfrontiert war, noch einen Mord hinzuzufügen?

Friedrich Adler verstand seit Kriegsausbruch die Welt nicht mehr: Alles, wofür er und sein Vater gekämpft und gelitten hatten, war zerfallen. Statt daß die Arbeiter in der Sozialistischen Internationale zusammenhielten und gemeinsam gegen den Krieg aufstanden, zerfetzten sie sich jetzt gegenseitig auf den Schlachtfeldern. Ministerpräsident Graf Stürgkh regierte mit eiserner Hand, gestützt auf einen umfangreichen Militär- und Polizeiapparat, alle Reste des Parlamentarismus hinwegfegend.

Graf Stürgkh ist das Feindbild, das Friedrich Adler stets vor Augen hat, ihn macht er verantwortlich für all den Hunger, all das Elend. Adler ist Pazifist. Zwar war er 1915 kurz eingezogen gewesen, aber bereits nach wenigen Tagen hatte man ihn als herzleidend nach Hause geschickt. Doch gerade dieser Pazifist greift zu einer Waffe und geht am 21. Oktober 1916 ins Hotel Meißl & Schaden, weil er weiß, daß Graf Stürgkh dort jeden Tag zu Mittag speist. Auch Adler stärkt sich noch einmal an der berühmt guten Küche des Hauses, er ißt Reibgerstelsuppe, Rindfleisch mit Kohl und als Dessert Zwetschkenkuchen, dazu trinkt er Gießhübler Mineralwasser und als Abschluß schwarzen Kaffee. Er zahlt 8 Kronen und zwei Heller, erhebt sich, erkundigt sich beim Piccolo, ob der Herr dort wirklich Graf Stürgkh sei. Stürgkh sitzt im rückwärtigen Teil des Speisesaales, und Adler geht nun geradewegs auf ihn zu, die Pistole erhoben. Er muß ganz nahe herangehen, weil er Angst hat, er könnte einige in der Nähe sitzende Damen verletzen. Er tritt bis auf einen Meter vor Stürgkh hin und feuert zweimal, tödlich getroffen stürzt der Ministerpräsident zu Boden. Adler wendet sich mit den Worten: „Nieder mit dem Absolutismus, wir wollen den Frieden!" ruhig um und verläßt den Speisesaal. Nicht um zu fliehen, er hat nur Angst, daß ihn einige in der Nähe sitzende deutsche Offiziere mit ihren Säbeln zusammenhauen könnten. Im Vorraum stellt er sich hin und ruft: „Ich bin Dr. Adler, ich stelle mich dem Gericht", aber die Anwesenden beginnen auf ihn einzuschlagen und ihn zu bedrängen. In dem ganzen Tumult geht seine Waffe nochmals los, und er hat plötzlich Raum. Aber er wartet, wartet ruhig, bis die Polizei kommt und ihn abführt.

Adler hatte erreicht, was er wollte, er bekam einen großen öffentlichen Prozeß, endlich wird seine Stimme, die eines Pazifisten, vernommen, eine Stimme, auf die nicht einmal seine eigenen Parteigenossen hören wollten.

Am 18. Mai 1917 steht Friedrich Adler vor dem Ausnahmegericht. Viel ist in der Zwischenzeit geschehen, der alte Kaiser Franz Joseph I. ist gestorben, Kaiser Karl regiert und ist genauso kriegsmüde wie die Völker der zerfallenden Donaumonarchie. Die Verteidigungsrede von Friedrich Adler ist ein rhetorisches Meisterwerk. Er legt klar dar, daß es ihm nicht um die Ermordung Stürgkhs als Person ging, sondern indem er ihn traf, wollte er alles treffen, wofür ihm dieser Mann als Symbol stand, daß „... man sich nicht alles gefallen lassen dürfe, wie man es sich tatsächlich immer gefallen lassen hat."

Warum er Stürgkh getötet habe, kann Adler in einem Satz begründen, nämlich weil dieser „... mit klarer Absicht und bewußt Österreich in einen absolutistischen Staat verwandeln wollte" und ein Mann gewesen wäre, „... der sich auf den Boden der Gewalt gestellt" hätte.

Trotz aller Sympathien, die der junge Dr. Adler auch vor diesem Gericht und besonders in der Öffentlichkeit genießt – schließlich ist jedem schon klar geworden, daß dieser Krieg kein gutes Ende nehmen wird – verurteilt man ihn zum Tode, das Berufungsgericht verwandelt die Strafe in eine 18jährige Haftzeit.

Als die Monarchie 1918 zerfällt, wird Dr. Friedrich Adler begnadigt, und sein Vater kann ihn neun Tage vor seinem Tode noch einmal in die Arme schließen. Die Frage jedoch, ob man als Pazifist einen Menschen töten darf, um den Tod von vielen anderen zu verhindern, hat Friedrich Adler bis zu seinem Lebensende im Jahre 1960 nicht schlüssig beantworten können.

# *Emmo Davit 1918*

Grandhotels haben ihre eigene Atmosphäre. Internationaler Flair mischt sich mit persönlichen Schicksalen. Das Grandhotel ist eine Welt für sich, die die große Welt draußen vor den Schwingtüren widerspiegelt. Das Wiener Hotel Bristol liegt direkt am Ring gegenüber der Oper und ist im Jahre 1918 eines der vornehmsten Häuser. Aber auch in Wien herrscht bereits die Not: Der Erste Weltkrieg neigt sich seinem Ende zu, es fehlt an allen Ecken und Enden, nur die vornehme Gesellschaft des Hotel Bristol, die Grafen, Barone und Fürsten spüren kaum etwas davon. Man steigt standesgemäß ab, besorgt für die Dienerschaft eigene Zimmer, „champagnisiert" und feiert rauschende Feste, während draußen die alte Welt in Scherben fällt und trägt stolz den teuren Schmuck, den der Gemahl mit seinen Kriegslieferungen verdient hat.

So verwundert es auch nicht, als am Nachmittag des 23. Mai 1918 die Gesellschaftsdame der Baronin Emma von Vivante an der Reception erscheint und die Handtasche ihrer Herrin verlangt, in der sich das Bargeld und der gesamte Schmuck der Baronin befinden. Man händigt sie ihr ohne weiteres aus, schließlich kennt man sie hier und weiß, daß sie das Vertrauen ihrer Herrschaft genießt. Was man aber nicht weiß, ist, daß Juliane Earl genug hat vom unterbezahlten Leben als billige Vorleserin und Gesellschafterin und daß sie in diesem Schmuck, dessen Wert das Vielfache von dem beträgt, was sie sich in den nächsten Jahren zu verdienen erhoffen kann, ihre Zukunft sieht. Es ist aber nicht ihre eigene Idee gewesen, sich mit dem Schmuck ihrer Herrschaft davonzumachen: Die Idee hatte jemand, den sie vor einiger Zeit kennenlernte, nämlich der Neffe der Frau Baronin, Emmo Davit. Und dieser Emmo Davit wartet nun auch auf sie in ihrem einfachen Zimmer, denkt jedoch nicht im entferntesten daran, mit Juliane ein neues, gemeinsames Leben zu beginnen. Kaum hat diese ihr Zimmer, die Tasche mit dem kostbaren Inhalt unter dem

Arm geklemmt, betreten, sieht sie sich plötzlich einem Fremden gegenüber, dem Komplizen Davits, und bevor sie noch erstaunt fragen kann, was hier vor sich geht, trifft sie von hinten ein fürchterlicher Schlag. Emmo Davit wirft die schwere hölzerne Handgranatenattrappe weg, mit der er die Ahnungslose niedergeschlagen hat, aber Juliane Earl lebt noch. Die beiden Mörder versuchen sie nun mit einer Rebschnur zu erdrosseln, aber auch dies gelingt nicht, so daß man ihr mit einem scharfen Messer, um die Sache zu Ende zu bringen, die Kehle durchschneidet.

Die Beute ist beachtlich, 50.000 Kronen in Bargeld und Schmuck im Wert von 100.000 Kronen. Um 17 Uhr wird die tote Juliane von der besorgten Baronin gefunden, und zunächst herrscht große Verwirrung. Der Hoteldirektor will natürlich nicht, daß das Hotel Bristol in die Zeitungen gerät, die Baronin möchte keinen Skandal, und die Polizei möchte den Fall aufklären. Und hier kommt ihr wieder einmal der „Kommissar Zufall" zu Hilfe. Bei der Befragung des Hotelpersonals erinnert sich jemand daran, am Nachmittag den Neffen der Baronin, Emmo Davit, im Haus gesehen zu haben. Die Polizeikommission beschließt nun, Davit zu verhören. Nach wenigen Minuten bricht er zusammen und gesteht, schließlich nennt er sogar den Namen seines Komplizen: Kurt Franke, in dessen Wohnung wenig später auch die Beute gefunden wird.

Emmo Davit wurde noch von einem k. u. k. Gericht zum Tode verurteilt, Kurt Franke erhielt 15 Jahre Haft. Aber auch Davit kam mit dem Leben davon, er wurde von der Republik Deutsch-Österreich zu lebenslanger Haft „begnadigt".

Das Hotel Bristol hat all die wechselhaften Zeitläufe seither überstanden, es ist weiter ein Ort des Luxus und des Wohlstandes geblieben. Eines Wohlstandes, den vielleicht mancher seiner Besucher genauso erträumt, wie es einst die unglückliche Juliane Earl getan hat, die glaubte, mit gestohlenem Gut an der Hand eines geliebten Mannes einer besseren Zukunft entgegenzugehen, und dabei nur den Tod fand.

# Johann Breitwieser 1919

Das Begräbnis war, wie man auf wienerisch zu sagen pflegt, eine „schöne Leich". Stundenlang zog eine lange Menschenschlange am aufgebahrten Leichnam vorüber, zwanzigtausend Menschen folgten dem Trauerzug. Nachrufe wurden gehalten, ein Quartett sang, und Kränze mit Schleifen, auf denen „Deine Kollegen" und „Deine Kameraden in Favoriten" stand, wurden niedergelegt. Man hätte glauben können, hier würde ein hoher Würdenträger der Stadt zur letzten Ruhe gebettet, ein Bürgermeister vielleicht, ein Publikumsliebling aus dem Theater oder ein Menschenfreund. In Wahrheit war es das Begräbnis eines Verbrechers, eines Einbrechers und Kassenschränkers allerersten Ranges, der bereits zu Lebzeiten zum Volkshelden der einfachen Leute in den Vorstädten geworden war.

Sein Name war Johann Breitwieser. Aufgewachsen war er mit fünfzehn anderen Geschwistern in Meidling, in der Nähe von Schloß Schönbrunn, und er war intelligent, nur konnte sich seine Intelligenz nicht entwickeln, jedenfalls nicht in die richtige Richtung. Die Schule kannte er kaum von innen, lieber streifte er tagsüber im Tiergarten Schönbrunn herum, und des Nachts stieg er heimlich in das Schloß ein und wanderte verzaubert durch die Prunkräume, bis man ihn erwischte und hinauswarf. Wegen einer Kleinigkeit kam er mit siebzehn Jahren zum ersten Mal mit dem Gesetz in Konflikt, und von da an ließ ihn die kriminelle Seite seiner Seele nicht mehr los. Endlich hatte er ein Gebiet gefunden, auf das er seine Energien richten konnte und wo er sich dank seiner natürlichen Intelligenz bald über die anderen erhob.

Er begann seine Einbrüche zu planen, generalstabsmäßig könnte man meinen, er beschaffte sich Lehrbücher über Schlosserei und die neuesten Spezialwerkzeuge. Johann Breitwieser revolutionierte einfach sein Gewerbe, das Kassenschränken, mit „amerikanischen Methoden", wie man damals sagte. Er benutzte Sauerstoffgebläse und

Schweißapparate, die Kassen schienen nur so vor ihm aufzuspringen. Gleichzeitig drehte er dem Staat die lange Nase: Als er im Ersten Weltkrieges zum Militär eingezogen wurde, desertierte er bereits am ersten Tag. Die Wiener hatten wieder etwas zu lachen, weil er es verstanden hatte, sich als Wahnsinniger auszugeben, und einfach aus der Heil- und Pflegeanstalt am Steinhof davonspaziert war.

Auch sein nächster Coup war spektakulär: Als Oberleutnant verkleidet erschien er am hellichten Tag im Heeresministerium, begab sich zur Auszahlungsstelle für Heereslieferungen, knackte in Sekundenschnelle den Panzerschrank und war, als die Beamten vom Essen zurückkamen, mit 100.000 Kronen längst über alle Berge.

Einen Teil seiner Beute verteilte er unter Freunden und Nachbarn in Meidling, und dies machte ihn von Tag zu Tag unter der einfachen Bevölkerung beliebter und populärer. Auch für die Polizei war es eine aufregende Zeit: Immer wieder gelang es ihr, Breitwieser zu stellen, und immer wieder entkam er, oft benutzte er dabei seine Waffe, um sich den Weg freizuschießen. Aus der Bevölkerung hatten die „Krimineser" selbstverständlich keine Hilfe zu erwarten, Breitwieser war einer der ihren, und sie freuten sich, daß da einer kam und den Reichen etwas wegnahm. Dennoch gelang es der Polizei mehrmals, ihn zu fassen, er entwischte jedoch stets, zuletzt am 26. Dezember 1918 aus einer Zelle des Wiener Landesgerichtes.

Seinen letzten großen Coup landete er ein paar Wochen später, am 19. Jänner 1919, in der Munitionsfabrik Hirtenberger, wo er aus einem Panzerschrank eine halbe Million Kronen stahl. Aber nun war ihm die Polizei abermals auf den Fersen. Verraten hat ihn schließlich, ob absichtlich oder unabsichtlich, wird man nie erfahren, seine knapp 18jährige Geliebte Lola, über die die Polizei von seinem Schlupfwinkel erfuhr, eine pompöse Villa in St. Andrä-Wördern, nahe bei Wien. In der Nacht zum 19. Juni 1919 umstellte die Polizei die Villa. Breitwieser versuchte zwar noch, mit dem Fahrrad zu flüchten, brach aber nach einem Schußwechsel schwer verletzt zusammen. Im Wiener Inquisitenspital ist er einige Tage später gestorben.

Im Gedenken des Volkes lebte die Erinnerung an den Wiener Einbrecherkönig noch lange fort, und für viele Jahre waren sein Grab und sein pompöser Grabstein stets mit frischen Blumen geschmückt und zu Allerheiligen von zahlreichen Grablichtern umgeben.

# *Ignaz Seipel und Engelbert Dollfuß 1924 und 1934*

Das Amt und die Würde eines österreichischen Bundeskanzlers der Ersten Republik war nicht ungefährlich. Zwei der insgesamt 12 Bundeskanzler wurden Opfer von Attentaten, einer, Ignaz Seipel, überlebte, litt aber den Rest seines Lebens an den Folgen, der zweite, Engelbert Dollfuß, konnte zwar das erste auf ihn verübte Attentat überleben, fiel aber dem zweiten zum Opfer.

Es ist interessant, die Beweggründe der jeweiligen Attentäter zu untersuchen und in welcher Relation sie zu ihrem Opfer standen. Zwei der drei Attentäter waren Einzelgänger, nur einer gehörte einer größeren politischen Gruppe an, die den Mord an einem österreichischen Bundeskanzler mit einem detaillierten Umsturzplan verband.

Das Attentat auf Ignaz Seipel erfolgte am 1. Juni 1924 in der Halle des Wiener Südbahnhofes. Seipel war eben von einer Fahnenweihe des katholischen Buschenbundes in Neudörfl zurückgekehrt, als plötzlich der 28jährige arbeitslose Hilfsarbeiter Karl Jaworek vor ihn hintritt und aus seiner fünfschüssigen italienischen Armeepistole zwei Schüsse auf den Bundeskanzler abgibt.

Seipel ist schwer verletzt und wankt noch einige Schritte, ehe er zusammenbricht, Jaworek wird vom Bahnhofsvorstand ergriffen, kann aber noch die Pistole umdrehen und sich selbst zweimal in die Brust schießen. Seipel sieht die Szene noch und ruft „Nicht schlagen, nicht schlagen!", ein Ausspruch, der später ebenso berühmt geworden ist wie sein „Keine Milde".

Die nächsten drei Monate verbrachte Seipel im Spital und sollte später nie mehr ganz gesund werden. Karl Jaworek zeigte im Gefängnis ehrliche Reue und entschuldigte sich in einem Brief bei Seipel. Das Urteil gegen ihn lautete auf fünf Jahre Kerker, wovon er allerdings nur drei zu verbüßen hatte. Vor Gericht gab er an, er wäre zwar

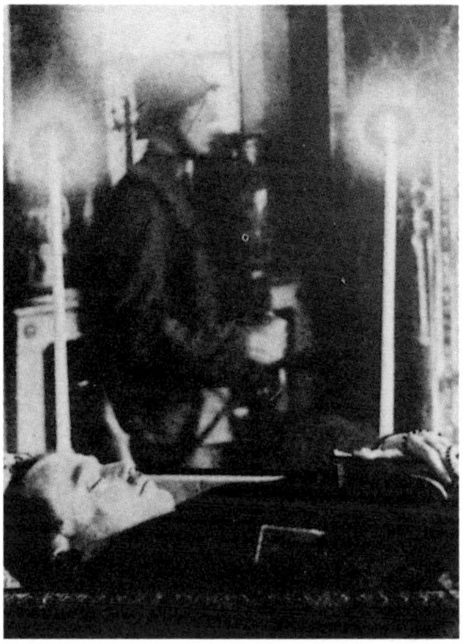

Die Aufbahrung des ermordeten Bundeskanzlers Engelbert Dollfuß im Bundeskanzleramt.

Auf Ignaz Seipel wurde im Jahre 1924 ebenfalls ein Attentat verübt, wobei Seipel nur knapp überlebte.

rechts
Der Schriftsteller und Journalist Hugo Bettauer (1877–1925).

links
Sein Mörder, der Zahntechniker und zeitweilige Nationalsozialist Otto Rothstock (geb. 1904).

Der Geschäftsmann Gustav Bauer, mutmaßlicher Mörder der Katharina Fellner. Er war zumindest einer der letzten, die die schöne Katharina lebend gesehen hatten.

Rekonstruierte Moulage des leicht angekohlten Kopfes der Katharina Fellner.

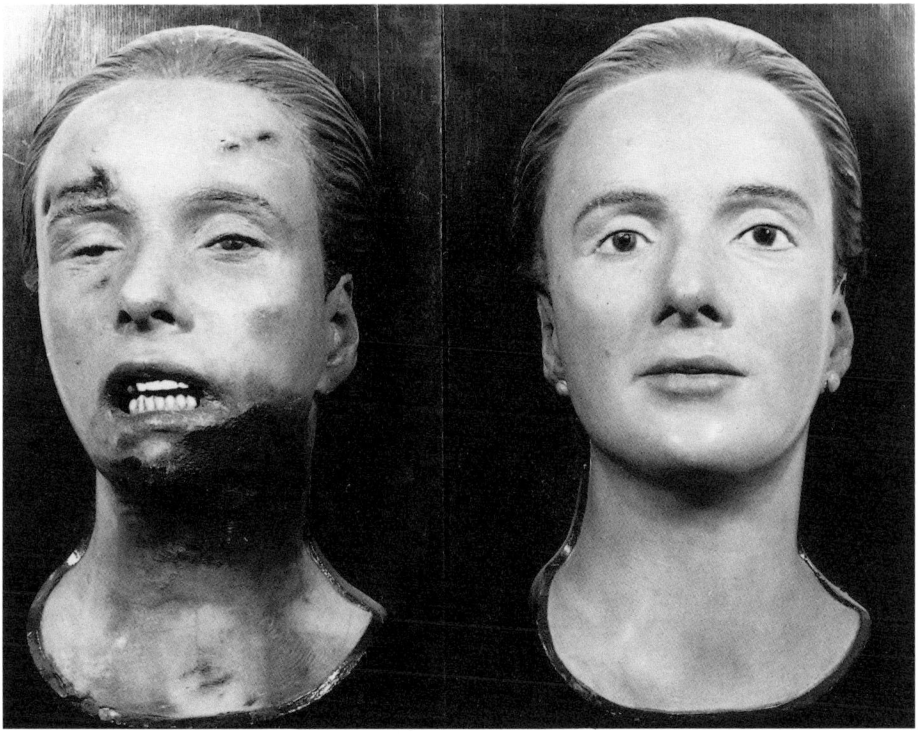

7 Groschen für die österr. Republik

40 Heller tschechoslow. Währ. f. d. tschechoslow. Republik

# Illustrierte Kronen Zeitung

30. Jahrgang.

Druck, Verlag, Eigentum und Herausgabe G. Davis & Co., Wien, IX., Pramergasse 28. Verantwortlicher Schriftleiter: Richard Eisenmenger, Wien, IX. Boltzmanngasse 13.

Nr. 10.522

Post-Abonnement für die österreichische Republik
1 Monat 2 Schilling 15 Groschen
Postspark. Wien: Konto-Nr. 51755.

Wien, Mittwoch den 8. Mai 1929.
Redaktion und Administration: Wien, IX., Pramergasse 28.
Tel. A 11042, A 11515, A 11516. Ab 9 Uhr abends: Tel. A 11042 u. A 11516.
Nach Mitternacht: Tel. A 11535. Stadtbureau: I., Schulerstr. 19, Tel. R 27236.

Post-Abonnement für die tschechoslow. Republik
1 Monat K č 10.50, 3 Monate K č 31.50
Postspark. Prag: Konto-Nr. 51755

Der Mord an dem invaliden Trafikanten.

Ahmed Zogu I. (1895–1961), König von Albanien und Ziel eines Mordanschlags vor der Wiener Oper im Jahre 1931.

Anna Augustin, ein vierzehnjähriges Bauernmädchen aus Mannersdorf an der Rabnitz, wurde von der Klavierfabrikantensgattin Josefine Luner auf grausamste Weise zu Tode gequält.

Das Ehepaar Josefine und Edmund Luner vor dem Richter, September 1936. Josefine Luner wurde zum Tod durch den Strang verurteilt, später jedoch zu lebenslanger Freiheitsstrafe begnadigt.

8 Groschen für Oesterreich

40 Heller

Illustrierte Kronen Zeitung

37. Jahrgang. Nr. 13.083.

Post-Abonnement für Oesterreich 1 Monat 2 Schilling 55 Groschen

Wien, Dienstag, den 23. Juni 1936.

Redaktion und Administration: Wien, IX., Pramergasse 29.

Post-Abonnement für die tschechoslow. Republik

**Die Millionärstochter und der Zigeunerbub.** Im Mittelpunkt einer romantischen Liebesgeschichte zwischen Budapest und Paris stehen eine französische Millionärstochter und der 16jährige Primas der „Zigeunerbuben“, die auch in Wien bei ihrem Auftreten großen Erfolg hatten. Die reiche Französin will den kleinen Zigeuner heiraten und hat bereits die Zustimmung ihrer Eltern zu diesem Projekt erhalten.

**Mord in der Wiener Universität.**



Die „Kronen-Zeitung“ berichtet vom Mord an Moritz Schlick.

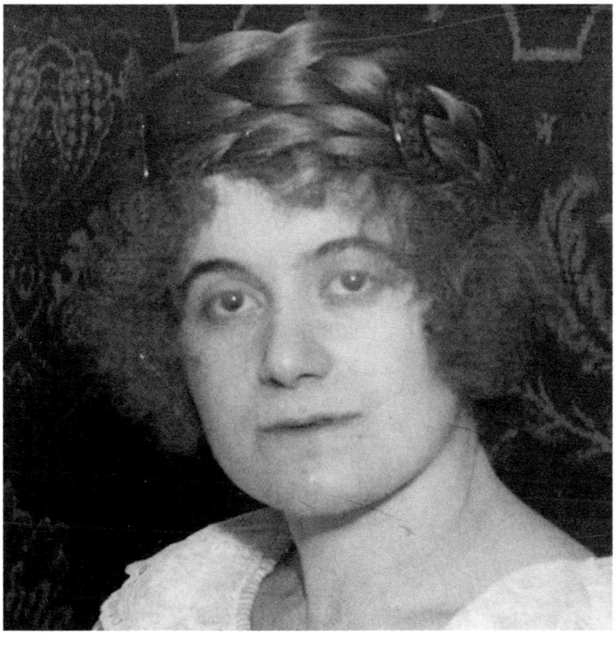

Die Giftmörderin Martha Marek, hier im Jahre 1927 anläßlich ihres ersten Prozesses wegen Versicherungsbetrugs. Felix Salten, damals Gerichtssaalreporter für die „Neue Freie Presse“, schrieb über sie: „Es ist eine Magdalena, wie Gabriel Max sie gemalt hat: bleich, schmal, vom Schimmer des goldroten Haares festlich beleuchtet...“

Der Ingenieur Emil Marek vor Gericht. Am 12. Juni 1925 hatte er sich bei der Arbeit an einer Holzpuppe den linken Fuß abgehackt – angeblich unabsichtlich, was die Versicherung jedoch anzweifelte. 1932 wurde er von seiner Frau Martha mit Rattengift ermordet.

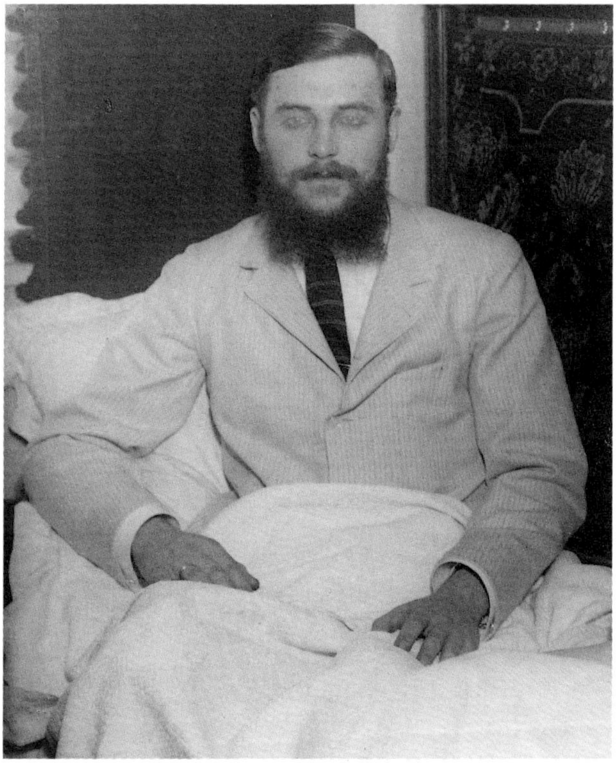

Martha Marek vor Gericht, 19. Mai 1938. Sie wird zum Tode verurteilt und am 6. Dezember 1938 mit dem Fallbeil hingerichtet.

Sozialist, aber dies hätte für sein Attentat keine Bedeutung gehabt. Er hätte Seipel deshalb töten wollen, weil er ihn an seiner schlechten persönlichen Lage für schuldig hielt: „... weil es uns so schlecht geht und die Leute alle Weile geredet haben, daß der Bundeskanzler schuld daran sei ...". Nach diesem Auftritt vor dem Richter wollte Jaworek Selbstmord verüben.

Es war allen, dem Gericht, der Presse und dem kleinen Mann auf der Straße, klar, daß dies die Tat eines verzweifelten Einzelgängers gewesen war, aber auch diese Tat eines Verzweifelten sollte politisch noch ausgeschlachtet werden: Als Seipel 1932 starb, fanden sich Stimmen in der Presse, die seinen Tod auf das Attentat von 1924 zurückführten, letzten Endes hatten also doch die „Roten" den Bundeskanzler ermordet.

Auch das nächste Attentat auf einen Bundeskanzler, auf Engelbert Dollfuß, war die Tat eines Einzelgängers. Am 3. Oktober 1933 schoß Rudolf Drtil, ehemaliger Kanzleidiener, Laufbursche und entlassener Gefreiter des Infanterieregimentes Nr. 3, im Vestibül des Parlamentes auf Dollfuß. Der Bundeskanzler hatte Glück. Ein Schuß durchschlug den rechten Oberarm, ein weiterer traf die Herzgegend, prallte aber an einer Rippe ab und verursachte nur geringfügige Verletzungen.

Drtil war seit 1932 Nationalsozialist und hatte wegen seiner Parteizugehörigkeit auch das Bundesheer verlassen müssen. Sein Attentat war aber ganz alleine sein Entschluß gewesen, mit niemandem abgesprochen und keinem größeren Plan folgend.

Dies sollte sich am 25. Juli 1934 ändern. Für diesen Tag hatte die Wiener SS-Standarte 89 beschlossen, mit dem Ständestaat endgültig Schluß zu machen. Geplant war ein Angriff auf das Bundeskanzleramt, um die Minister als Geiseln zu nehmen, und die RAVAG, den Rundfunk, in die Hand zu bekommen. Dann sollte Dr. Anton Rintelen, einer der Führer der Christlichsozialen mit einer starken Affinität zu den Nazis, als neuer Bundeskanzler ausgerufen werden. Das ganze Unternehmen war eine einzige Serie von Pannen, sowohl auf Seiten der Putschisten wie auch auf Seiten der Ordnungskräfte. Der Putschplan wurde mehrmals verraten, aber die Polizei konnte ihre Kenntnisse in keiner Phase ausnützen und die Tat verhindern. Und so kam es, daß am 25. Juli 1934, sieben Minuten vor ein Uhr mittag, 150 nationalsozialistische Putschisten das Bundeskanzleramt praktisch unbewacht vorfanden und besetzen konnten. Bundeskanzler Dollfuß, der Heimwehrführer und Minister Emil Fey und Sicherheitsminister Karwinsky schauten vom Zimmer des Kanzlers aus zu und glaubten, die einmarschierenden Männer wären die längst angeforderten Bundesheereinheiten zum Schutz des Bundeskanzleramtes. Dollfuß, Fey und Karwinsky bemerkten jedoch schnell ihren Irrtum und suchten verzweifelt nach einem Fluchtweg für den Bundeskanzler. Karwinsky wollte Dollfuß in den dritten Stock des Gebäudes bringen und sich dort verbergen, der Türhüter Hedvicek schlug dagegen den Keller als Versteck vor, aber mitten in die Diskussion platzen bereits die Nationalsozialisten. Über das, was weiter geschah, gehen dann die Ansichten auseinander: Es ist unklar, ob sich ein Schuß aus der Pistole des Anführers der Nazis, Otto Planetta, löste oder ob er gezielt auf Dollfuß feuerte. Jedenfalls wird Dollfuß schwer getroffen und sinkt zu Boden, noch ein zweiter Schuß fällt, und bis heute ist es unklar, wer ihn abgefeuert hat. In Frage kommt vor allem einer der mitputschenden Polizisten, denn die Größe der Wunde deutet auf das Kaliber einer Polizeiwaffe hin.

Dollfuß wird auf ein Kanapee im Eckzimmer des Bundeskanzleramtes gelegt. Er blutet stark, und es ist allen Anwesenden, den Putschisten, Fey und Karwinsky klar, daß der nur zeitweise das Bewußtsein wiedererlangende Bundeskanzler langsam verblutet. Dollfuß bittet um einen Arzt, vor allem aber um einen Priester. Beides verweigern ihm die Attentäter mit menschenverachtender Brutalität, und Bundeskanzler Engelbert Dollfuß stirbt um etwa 15.45 Uhr.

Wenige Stunden später erkennen die Putschisten, daß ihr Vorhaben kläglich gescheitert ist, und geben auf. Dreizehn Personen werden wegen des Putsches vom 25. Juli 1934 hingerichtet, darunter Otto Planetta und der zweite Anführer der Attentäter, Franz Holzweber. Der Polizist Johann Dobler, ebenfalls am Putsch beteiligt, sprang am 31. Juli aus einem Fenster der Polizeidirektion in den Tod, es war dies derselbe Tag, an dem die Todesstrafe, „Tod durch den Strang“, die der Militärgerichtshof über die Verschwörer verhängt hatte, vollzogen wurde.

Sowohl um Engelbert Dollfuß wie auch um die gerichteten Nationalsozialisten entstanden in der Folge – im Ständestaat unter Schuschnigg bzw. nach dem „Anschluß" – wahre Märtyrerkulte, ihr beider Mythos hat das Jahr 1945 jedoch nicht überlebt.

Jaworek und Drtil waren eigentlich die gefährlicheren Attentäter. Sie planten alleine und führten ihre Tat alleine aus, das ausersehene Opfer hatte kaum eine Chance, dem Anschlag zu entgehen, und die Polizei keine Möglichkeit, die Tat zu verhindern.

Planettas Tat hingegen ist, obwohl sie als einzige der geschilderten Attentate ihr Ziel erreichte und zum Tode des Bundeskanzlers Dollfuß führte, die harmlosere gewesen. Vermutlich starb Dollfuß mehr durch Zufall als aus Berechnung, und mit etwas mehr Vorsicht der Polizei wären die Verschwörer niemals bis in das Bundeskanzleramt vorgestoßen. Dennoch ist sie die „moderne Tat" von den drei geschilderten. Bei Jaworek und Drtil war es noch persönlicher Einsatz, um einen als „persönlich" erkannten Feind zu beseitigen, und sei es um das Opfer des eigenen Lebens. Planetta mordet nicht, um selbst erlittenes Unrecht zu rächen, er tötet im Auftrag einer Partei, einer Ideologie. Seine Tat ist bereits ein Symbol für die in Österreich und Europa heraufziehende Zeit, in der die politische Tat auch völlig anonymen Massenmord an unschuldigen Opfern bedeuten kann.

# Hugo Bettauer 1925

*„Da – draußen ein leichter Knall, als ob jemand mit einem Lineal auf einen Tisch klatschte ... es klatschte wieder und wieder – Schüsse! Drinnen in Bettauers Zimmer. Die Klinke der Tür geht auf und ab... Er kann nicht heraus, eingesperrt, gefangen! Wir rütteln am Schloß. Drinnen klatscht es wieder und wieder...“*

Was hier so dramatisch geschildert wird, ist die Ermordung des Wiener Schriftstellers und Zeitungsherausgebers Hugo Bettauer am 10. März 1925 durch den jungen Nationalsozialisten Otto Rothstock, gesehen von der Augenzeugin Grete Grün.

Obwohl Otto Rothstock später im Prozeß behaupten wird, daß er an diesem Tag den Entschluß zur Ermordung Bettauers spontan gefaßt hat, war es ein zumindest in Gedanken von ihm lange vorbereitetes Verbrechen, wenngleich in diesem Fall der Mörder nur der Ausführende dessen war, was ihm seine geistigen Mittäter vorbereitet hatten. Der Publizist Hugo Bettauer hatte im Wien der Nachkriegszeit viele Feinde. Zum einen war er der Sohn jüdischer Eltern und, obwohl er zum evangelischen Glauben konvertiert war, galt er der Presse und der Öffentlichkeit immer als Jude. 1872 geboren, hatte er sich seine journalistischen Sporen im amerikanischen Zeitungsimperium des Randolph Hearst verdient und dort gelernt, im amerikanischen Stil zu schreiben, hart, brutal, mehr der Kolportage als der schönen Literatur verpflichtet. 1908 kommt er wieder nach Wien zurück und findet Anstellung bei Zeitungen wie der „Neuen Freien Presse“ und der „Zeit“. 1920 erscheint sein erstes Buch, der Roman *„Faustrecht“*, und in der Belletristik entfaltet sich nun die ganze Begabung. Seine Romane werden vom Publikum verschlungen und sogar mit Weltstars verfilmt, wie *„Die freudlose Gasse“* mit Greta Garbo. Er schreibt schnell und viel, allein im Jahr 1922 erscheinen fünf Romane von ihm, darunter der Bestseller *„Stadt ohne Juden“*, der die Nationalsozialisten auf ihn aufmerksam macht. In diesem Roman müssen alle Juden Wien verlassen, aber statt aufzublühen, versinkt die Stadt im Chaos und in der Provinzialität, bis man die Juden wieder zurückruft.

1924 gelingt ihm ein neuer journalistischer Coup, die Zeitschrift *„Er und Sie – Wochenschrift für Lebenskultur und Erotik"*, die später ersetzt wird durch *„Bettauers Wochenschrift: Probleme des Lebens"*, in der die „erotische Revolution" gepredigt wird, welche „die Beziehungen zwischen Mann und Weib aus dem Sumpf einer verlogenen Pseudomoral zu sittlich freien Höhen" emporheben soll. Seine Zeitung kämpft aber auch um soziale Anliegen, um die Entkriminalisierung der Abtreibung und der Homosexualität, die Emanzipation der Frau und die Gleichstellung der unehelichen Kinder mit den ehelichen. Hat *„Die Stadt ohne Juden"* Bettauer die Feindschaft der Nazis eingebracht, so ist sein soziales Programm den Christlichsozialen ein Dorn im Auge, und der christlichsoziale Gemeinderat Anton Orel wetterte: „Wir lassen uns nicht den Juden Bettauer aufdrängen, der unsere Kinder versauen will mit jüdischem Gift und jüdischen Schweinereien."

Dies ist nun die Atmosphäre, in der der junge, gerade 21 Jahre alte arbeitslose Zahntechniker Otto Rothstock im Garten des Belvedere in Wien sitzt und – während er in das Wasser des Teiches blickt – plötzlich erotische Visionen hat. Er sieht verschlungene Leiber und weiß in diesem Moment, daß es seine gottgegebene Aufgabe ist, „den Juden" Hugo Bettauer zu töten.

Rothstock kennt Bettauer nur durch seine Wochenschrift und sicher auch dadurch, daß er Mitglied der Nationalsozialistischen Partei ist, in der viel gegen Bettauer gewettert wird. Rothstock kauft nun im Dezember 1924 eine Pistole und tritt aus der Partei aus, weil er nicht möchte, daß diese durch sein Attentat „beschmutzt" wird. Zwar ist er sich zu diesem Zeitpunkt noch nicht sicher, wer sein Opfer sein wird, er möchte „irgendeinen Vertreter der Schmutzliteratur" treffen, aber bald erkennt er in Hugo Bettauer „den größten Schädling dieser sittenverderbenden Richtung", und er beschließt nun ernsthaft, den Schriftsteller zu erschießen. Am 10. März 1925 geht er um halb 11 Uhr vormittags in die Redaktion und fragt nach Bettauer, der aber nicht in seinem Büro ist. Er möge am Nachmittag noch einmal vorbeischauen, gibt man ihm Bescheid. Als er wieder kommt, bittet ihn Bettauer ahnungslos in sein Zimmer, in dem dann bald die tödlichen Schüsse fallen. Bettauer gelingt es zwar noch, die Türe zu öffnen und aus dem Zimmer zu kriechen, er erliegt aber seinen schweren Verletzungen nach wenigen Tagen. Otto Rothstock sperrt sich im Zimmer Bettauers ein und beginnt wahllos Bücher aus den Regalen zu reißen und Briefe zu zerfetzen; als die Polizei kommt, ergibt er sich widerstandslos.

Am 5. Oktober 1925 steht Otto Rothstock vor Gericht, allein, ein fanatisierter Einzelgänger. Seine geistigen Mittäter, für die er ein willkommenes Werkzeug war, geben ihm die nötige Unterstützung in der Presse. So gilt der Mord der „Reichspost" als „Befreiungstat eines Sohnes ehrbarer Schlosserleute, der sich in ehrlicher Empörung in der Wahl der Mittel vergriffen, aber ein Volksurteil vollstreckt" hätte, und die „Neue Freie Presse" zeigt Verständnis für den Mörder, der für sie aus Empörung über „den Mißbrauch des Erotischen" und aus „tiefverletzter innerer Keuschheit" gehandelt hätte. Vor Gericht streiten die Gutachter, dem Gerichtspsychiater erscheint Rothstock als psychisch Kranker, ein Fakultätsgutachten der Klinik Wagner-Jauregg erklärt ihn für gesund. Rothstock selbst kämpft dafür, als zurechnungsfähig angesehen zu werden, und die Geschworenen entscheiden in seinem Sinne, man nimmt zwar die Mordabsicht als gegeben an, glaubt aber daran, daß der Mörder zur Tatzeit „gänzlich seiner Sinne beraubt" gewesen sei und spricht Rothstock frei, weist ihn aber in eine psychiatrische Klinik ein. Nach nur 20 Monaten wird er Ende Mai 1927 als geheilt entlassen, und seine alten Kameraden von der NSDAP kümmern sich gut um ihn. Er erhält genügend Geld, um eine Dentistenpraxis in Wien eröffnen zu können. Nach dem nationalsozialistischen Putsch von 1934 muß er als Angehöriger der 11. SS-Brigade nach Deutschland fliehen; im Zweiten Weltkrieg dient er in der Waffen-SS. Nach dem Krieg eröffnet Otto Rothstock eine Dentistenpraxis in Hannover, und bei einem Interview im Jahre 1976 bekennt er sich nach wie vor zu seiner Tat, genau wie er es fast 50 Jahre früher vor Gericht formuliert hatte, als er sagte, „Der Sohn Gottes kam auf die Welt, um Krieg zu führen gegen diese Schriftsteller und Gelehrten, weil sie sind die Söhne der Lüge und des Satans. Ich kam auf diese Welt, um diesen Kampf weiter zu führen."

# Mencia Carniciu 1925

Am Abend des 8. Mai 1925 gab das Wiener Burgtheater „Peer Gynt" von Henrik Ibsen. Gegen Ende des Stückes, Peer Gynt stand eben auf seinem sturmumbrausten Schiff, mischten sich in den Donner der Theatermaschine plötzlich sehr reale Töne: In schneller Folge hallten 10 Schüsse durch das ehrwürdige Haus, und Blut tropfte vom dritten Rang bis ins Parkett. Die Zuschauer fielen in Panik und versuchten zu den Ausgängen zu fliehen, konnten aber durch die beruhigenden Worte des Schauspielers Max Reimers zurückgehalten werden. Alle Augen richteten sich auf die zweite Loge des dritten Ranges, über deren Brüstung ein lebloser Körper lag, während in der Loge das Jammern zahlreicher Verwundeter zu hören war.

Die Mörderin, die junge, lungenkranke Bulgarin Mencia Carniciu, war zu dieser Zeit bereits im Gewahrsam der Polizei. Sie hatte das zehnschüssige Magazin ihrer deutschen Mauserpistole verschossen, dabei den mazedonischen Wojwoden Todor Panitza getötet sowie dessen Frau und einen Leibwächter schwer verwundet. Als sie versuchte aus der Loge zu flüchten, war sie von einem aufmerksamen Logenschließer überwältigt worden, der sie kurzerhand ins Direktionszimmer sperrte, bis die Polizei kam.

Die Geschichte dieses Mordes und die Geschichte der Mencia Carniciu sind untrennbar miteinander verbunden. Sie war ein Flüchtlingskind und hatte als Vierjährige mit ihrer Mutter aus der mazedonischen Heimat vor den Türken fliehen müssen. Später hatte sie sich in Sofia der nationalmazedonischen Bewegung, deren Führer Panitza war, angeschlossen. Mencia Carniciu hatte aber bald bemerkt, daß dieser auch nur ein besserer Banditenhäuptling war, dem weniger das Wohl seines Volkes am Herzen lag, als das seines eigenen Bankkontos in der Schweiz. Sie hatte sich daraufhin der IMRO, einer mazedonischen Geheimorganisation in Sofia, zugesellt, die längst genug hatte von Panitza und seinen Terrormethoden, die nur zu ausgedehnten Bandenkriegen in Mazedonien und in Bulgarien geführt hatten. Außerdem hegte man den begründeten Verdacht, daß Panitza sich längst an Jugoslawien verkauft hätte. Mencia Carniciu wußte, daß sie – auch wegen ihrer Lungenkrankheit – für die IMRO entbehrlich war, und daß man sie deshalb ausgesucht hatte, Panitza hinzurichten.

Bereits 1924 hatte sie sich daraufhin eine Pistole gekauft und sich mit Panitza angefreundet. An jenem Abend hatte sie die Pistole in ihrem Unterrock versteckt in das Burgtheater mitgenommen. Sie tötete Panitza ohne Gnade, nur für das Wohl eines eigenen mazedonischen Staates, genauso wie ihr Opfer zahllose Menschen, darunter viele seiner eigenen Freunde, ermordet hatte. Mencia Carniciu blieb nicht lange im Gefängnis. Auf Grund ihrer Tuberkulose wurde sie haftunfähig geschrieben und kam in das Sanatorium Himmelhof in Ober-St.Veit. Ihrer Verhandlung am 30. September 1925 im Wiener Landesgericht wohnte sie auf einer Tragbahre liegend bei.

Mencia Carniciu war eine echte Revolutionärin, die ihre Tat vor Gericht mit keinem Wort bereute. Panitza wäre ein Verräter gewesen und hätte im Dienste Jugoslawiens gestanden, allein für die Sache eines eigenen unabhängigen mazedonischen Staates habe sie die Tat ausgeführt. Die Geschworenen, die sicher die komplizierte politische Welt des Balkan in keiner Weise verstanden, urteilten aber nicht über die Revolutionärin und Patriotin, sondern allein über die Mörderin Mencia Carniciu. Allerdings fanden vor Gericht und auch in den Zeitungen ihr Mut und ihre Ergebenheit ihrem Vaterland gegenüber Beachtung, so daß das Urteil mit 8 Jahren schweren Kerkers recht gemäßigt ausfiel. Weder sie noch ihre Richter werden geglaubt haben, daß diese schmale, dreiundzwanzigjährige, lungenkranke Frau ihr Urteil lange überleben würde. Man brachte sie zurück in die Lungenheilstätte am Himmelhof, aber mit der Zeit wurde Mencia wieder gesund, und eines Tages war sie aus Österreich verschwunden. Was aus ihr geworden ist, weiß man nicht genau, angeblich hat sie später geheiratet und wurde mehrfache Mutter. Politische Wirkung hatte ihre Tat keine, ihre Heimat Mazedonien wurde zwischen Jugoslawien, Bulgarien und Griechenland aufgeteilt.

# Katharina Fellner 1928

Der 17. Juli 1928 war ein drückend heißer Tag in Wien. Am Nachmittag dieses hochsommerlichen Tages hörten einige Waldarbeiter, die im Lainzer Tiergarten eben mit Heueinbringen beschäftigt waren, zwei Schüsse, aber weil sie wußten, daß das Areal an diesem Tag dem Publikum nicht zugänglich war, dachten sie an eine Jagd und gingen ruhig weiter ihrer Arbeit nach. Wenige Stunden nach diesem scheinbar bedeutungslosen Vorfall machten sie in der abgelegenen Saulackenmais jedoch eine grauenvolle Entdeckung: Auf dem Waldboden lag die halbverbrannte Leiche einer jungen Frau, nur ein kurz zuvor niedergegangener Gewitterregen hatte es verhindert, daß die Leiche bis zur Unkenntlichkeit verkohlt war. Die Polizei stand vor einem Rätsel, da sie keinerlei Spuren für die Identifikation der Toten finden konnte. Als letzte Maßnahme wurde das Gebiß der Toten in medizinischen Fachzeitschriften veröffentlicht, aber es dauerte doch fast ein Jahr, bis ein Zahnarzt durch Zufall hier seine Arbeit wiedererkannte und die Tote vom Lainzer Tiergarten als die 1887 in Wien geborene Katharina Fellner identifizierte. Katharina Fellner war das, was man in der Zwischenkriegszeit eine internationale Lebedame nannte. Sie bezog ihr Einkommen aus den Zuwendungen zahlreicher Männer in ganz Europa, denen sie ihre Gunst gewährte. Und sie hatte es darin weit gebracht: Freunde erinnerten sich, daß sie zahlreiche Pelze und Schmuck besessen hatte und auch stets große Summen Bargeld mit sich führte. Nichts von dem konnte jedoch in der Folge aufgefunden werden.

Sie war am Tage vor ihrem Tode aus Triest gekommen, nach Wien gerufen durch ein Telegramm des Wiener Geschäftsmannes Gustav Bauer, der sie auch am Bahnhof abgeholt hatte. Da er offensichtlich der letzte war, der Katharina Fellner lebend gesehen hatte, forschte man Bauer aus und verhaftete ihn am 20. Juli 1929, also fast genau ein Jahr nach der Mordtat, in Berlin.

Bei seinem ersten Verhör verwickelte er sich sofort in Widersprüche, aber ein Geständnis konnten ihm die Beamten nicht entlocken. Man begann nun Indizien gegen Bauer zu sammeln, und deren gab es viele. Er hatte nachweislich die Pelze und den Schmuck von Katharina Fellner in der Wiener Versatzanstalt Dorotheum verkauft, er war am Tage ihres Todes mit ihr im Weinhaus Doll in der Nähe des Lainzer Tiergartens gewesen, er hatte ein Fläschchen Brennspiritus, wie man es zum Verbrennen der Leiche verwendet hatte, und eine Pistole vom selben Kaliber wie die Mordwaffe besessen, und sein Alibi für den Mordtag brach bald zusammen. Gustav Bauer blieb aber konsequent bei seiner Verantwortung, daß alle Zeugen sich irrten, und er überhaupt nur ein Opfer des unglückseligen Zusammenspieles einer Reihe außergewöhnlicher Zufälle wäre. Sein Anwalt plädierte auf einen Doppelgänger, und auf diesen großen Unbekannten schob in der Folge Bauer jede Schuld ab.

Die Wiener Polizei war verzweifelt, so verzweifelt, daß man sogar ein Medium, eine gewisse Frau Gunther-Geffers extra aus Deutschland kommen ließ, um den Fall aufzuklären. Leider blieben auch ihre hellseherischen Anstrengungen ohne Erfolg.

Es blieb dem Staatsanwalt nichts anderes übrig, als sich in dem am 7. Oktober 1930 beginnenden Prozeß gegen Gustav Bauer auf seine Indizien zu verlassen – und er verlor. Die Geschworenen stimmten bei der Frage, ob Gustav Bauer den Mord an Katharina Fellner begangen habe, zwar mit 7 Ja- und 5 Nein-Stimmen, aber da die österreichische Strafprozeßordnung mindestens 8 Ja-Stimmen für eine Verurteilung fordert, wurde Gustav Bauer freigesprochen.

Die Geschichte hatte aber noch ein Nachspiel: Gustav Bauer war ab dieser Zeit in Wien ein Verfemter. Seine Freunde wandten sich von ihm ab, seine Geschäfte gingen immer schlechter, und 1932 beging er Selbstmord. Er hinterließ einen Abschiedsbrief, in dem er angesichts seines Todes noch immer seine Unschuld beteuerte. Die Frage, ob ein Mensch, der weiß, daß er dem Tode entgegengeht, es notwendig hat zu lügen, bleibt hier ebenso ungeklärt wie die Frage nach dem wirklichen Mörder der lebenslustigen Katharina Fellner, deren Skelett lange Jahre im Gerichtsmedizinischen Institut als Schau- und Demonstrationsobjekt für Medizinstudenten verblieb.

# *„Club Geld“ 1929*

Der Einsatz moderner Technik hat bereits in der Vergangenheit viel dazu beigetragen, Verbrechen in Wien aufzuklären. Verständlich, daß die Polizei stets bemüht war, den Kriminellen ein Stück in der technologischen Entwicklung und im Gebrauch neuer Technologien voraus zu sein. Aber auch die Unterwelt selbst war nicht untätig, und man kann sicher sein: Wann immer sich ein Stück moderner Technik für das Wohl des Menschen einsetzen läßt, wird der Verbrecher als einer der ersten versuchen, sich diese schnellstens für seine dunklen Zwecke nutzbar zu machen.

Das Verbrechen, um das es hier im besonderen geht, ist der Raub und seine „erfolgreiche“ Durchführung. Der Vorgang der Beraubung eines Nächsten selbst ist so alt wie die Menschheit. Hat man in alter Zeit einfach sein Opfer niedergeschlagen, um an dessen Hab und Gut zu kommen, so braucht man dazu im 20. Jahrhundert einen ausgetüftelten Plan und jede Menge an Vorbereitungen. Diese haben verschiedenste Dinge vorzusehen, die, Zahnrädern gleich, ineinander passen müssen, damit der Coup auch gelingen kann und vor allem, damit der Täter den Schauplatz seines Verbrechens mitsamt der Beute auch wieder ungehindert und schnell verlassen kann.

Dazu gehört einmal das Auskundschaften einer günstigen Gelegenheit, das Festlegen des Tatortes also. Man sucht sich natürlich einen Ort, an dem viel Geld zu holen ist, etwa eine Sparkasse oder ein Postamt. Der Raub selbst ist dann schnell durchgeführt, bleibt also noch das Problem der Flucht. Davonlaufen mit der Beute ist in der Großstadt mit ihrer anonymen Masse von eilenden Passanten natürlich leicht, der moderne Räuber, schon zum „Gangster“ stilisiert, plant aber anders.

Dies mögen sich auch die Herren Prapotnik, Lammel, Jahoda, Rotter und Matiegka gedacht haben, als sie am Beginn des Jahres 1929 darüber nachdachten, wie man inmitten der Weltwirtschaftskrise wohl am leichtesten zu Geld kommen könnte. Ein Glück jedenfalls, daß man auch 1929 nur ins Kino zu gehen brauchte, um sich hier Anregungen zu holen und um die vorbildlichen „amerikanischen Methoden“ studieren zu können.

Jedenfalls planten die Obgenannten, groß in das Verbrechen einzusteigen, und dazu braucht man bekanntlich eine schlagkräftige Organisation, und wenn eine solche nicht vorhanden ist, so muß man sie eben selbst gründen. So entstand der „Club Geld“, eine Geheimgesellschaft mit strengen Regeln und strengen Aufnahmeriten und einem Vereinsstatut, welches die Organisation und Ausführung von Raubüberfällen vorsah.

Den ersten Raubüberfall mußte man freilich noch ganz unstandesgemäß zu Fuß vollbringen, da in der Vereinskasse ja völlige Ebbe herrschte und erst einmal das Kapital für weitere „Vereinsaktivitäten“ aufgebaut werden mußte. Man überfiel also zunächst in ganz traditioneller Manier den Kassier einer Wechselstube am Wiener Nordbahnhof, schlug ihn brutal nieder und machte sich zu Fuß davon.

Zwar verlief der Überfall erfolgreich, aber irgendwie war das doch alles ganz anders, als es die kühnen Chicagoer Gangster in ihren Stummfilmen vorführten. Daher beschloß man kühn, nun auch der modernen Zeit ihren Tribut zollen zu wollen. Wie man es so oft im Kino gesehen hatte, brauchte man vor allem ein Fluchtfahrzeug, um möglichst schnell und standesgemäß den Schauplatz des Verbrechens verlassen zu können. Also stahl man am 7. November 1929 ein schnelles Fahrzeug der Marke Steyr, indem man das Schiebefenster an der Fahrerseite – damals war das noch die rechte Seite, da man in Österreich links fuhr – einschlug, das Auto kurzschloß und davonbrauste.

Das Problem war aber nun natürlich, daß es zu dieser Zeit in Wien nicht gerade übermäßig viele Autos gab und das Kennzeichen des gestohlenen Fahrzeugs verräterisch war. Zum anderen dachte man eigentlich daran, das so mühsam beschaffte Fahrzeug noch für weitere Übeltaten heranzuziehen. Da hatte ein „Club“-Mitglied die Idee, das Auto mit einem gefälschten Kennzeichen auszustatten und dies nach jedem Raubüberfall wieder auszuwechseln. Ein befreundeter Setzerlehrling setzte und druckte heimlich zwei Autokennzeichen, und so ausgestattet, wagte man sich an das nächste Unternehmen.

Die „Illustrierte Wiener Kronenzeitung" berichtete in großer Aufmachung am 8. November 1929 darüber: *„In der Ferstlgasse, nächst der Votivkirche, wird ein Kassenbote, ein alter Herr, von den Räubern niedergeschlagen. Sie rasen in einem Auto davon, durchbrechen eine Kette von Polizeibeamten, die Polizisten werfen ihre Säbel gegen das Fahrzeug, Glas splittert ... Das Auto rast weiter."*

Aber offensichtlich sahen die Verantwortlichen der Wiener Polizei ebenfalls gerne Gangsterfilme aus dem fernen Amerika, denn auch sie verfügten über den neuesten Stand der modernen Technik, sprich über genügend Fahrzeuge, um die Verfolgung der „Autobanditen" aufzunehmen. Die Kronenzeitung berichtete weiter: *„Die Wachebeamten nehmen in Automobilen die Verfolgung auf. In rasender Fahrt sausen die Wagen die steile Berggasse hinunter, die Räuber sind nicht einzuholen ... Auf den Trittbrettern der verfolgenden Automobile stehen die Wachebeamten ..."*

Zwar gelingt es den Räubern, diesmal zu entkommen, aber sie müssen ihr Fahrzeug zurücklassen, und sie haben keine Zeit, in ihrem „Club" alles genau zu planen. Sie begehen zudem einen schweren Fehler und lassen die gefälschten Kennzeichen am Wagen zurück.

Als dieser noch am 8. November gefunden wird, stürzen sich die Kriminalbeamten unter „dem Einsatz aller Hilfsmittel der modernen Kriminalistik" darauf, und es gelingt ihnen sehr schnell festzustellen, in welcher Druckerei die gefälschten Kennzeichen angefertigt worden sind. Man verhört noch am Abend die gesamte Belegschaft des betreffenden Betriebs, der kleine Setzerlehrling bricht zusammen, gesteht und nennt die Namen der Mitglieder des „Club Geld", die daraufhin am 9. November 1929 verhaftet werden können.

Im Wettrennen der modernen Technik hat diesmal also die Polizei gewonnen, die Verlierer bekommen in ihrer Verhandlung am 21. Mai 1930 vor einem Geschworenengericht die Rechnung dafür präsentiert: schweren Kerker zwischen 10 Monaten und 5 Jahren. Als die ersten „Autobanditen" sind sie aber in die Wiener Kriminalgeschichte eingegangen.

# *Michael Sack 1929*

Der Kanalarbeiter stiefelte langsam durch das Bett des Wienflusses in Hietzing. Wenn er aufblickte, sah er an diesem warmen Frühlingstag des 4. Mai 1929 das Magistratische Bezirksamt von Hietzing neben dem Wienflußbett, das hier über sechs Meter tief einem steinernen Kanal gleicht, aufragen. Aber allzuviel Zeit herumzuschauen hatte er sowieso nicht. Mit einer langen Stange stieß er all den Unrat, den die letzten Gewitterfluten im gemauerten Bett des Wienflusses zurückgelassen hatten, in das träge dahinfließende Wasser.

So in seine Arbeit vertieft, sah er einen rundlichen Gegenstand vor sich liegen, und als er Anstalten machte, auch diesen mit seiner langen Stange ins Wasser zu schieben, stockte ihm plötzlich der Atem: Vor ihm lag der feinsäuberlich abgetrennte und schon teilweise verweste Kopf eines alten Mannes, die Augen noch halb geöffnet, der Schnurrbart triefend vom Wasser des Wienflusses.

Die von dem aufgeregten Mann verständigte Polizei brauchte nicht lange, um die Identität des Toten festzustellen. Nach den Abgängigkeitsanzeigen der letzten Monate und durch herbeigeholte Zeugen bestätigt, stellte sich der Kopf als ein sterblicher Überrest des 65jährigen Trafikanten Michael Sack heraus, der seit dem 29. März 1929 als vermißt gemeldet war.

Sack war gebürtiger Pole, betrieb seit 1909 eine Tabaktrafik auf der Linken Wienzeile und betätigte sich in seiner Freizeit als Bettler. Beide Professionen hatten aus ihm einen reichen Mann gemacht, aber er galt als einsam und menschenscheu. Der einzige Umgang, den man ihm nachsagen konnte, war der mit Prostituierten, die in seiner Wohnung frei aus und ein gingen.

Es dauerte trotz allen Nachforschungen fast einen Monat, ehe auch der Rumpf des Mannes im Mühlbach in Hütteldorf nächst dem Gasthaus „Zum Wolfen in der Au“ gefunden wurde, aber obwohl die Polizei in den nächsten Monaten Hunderte von Spuren verfolgte, kam sie keinen Schritt bei der Aufklärung des Falles weiter. Das einzige, was sie feststellen konnte, war, daß man Michael Sack das letzte Mal lebend in Begleitung zweier unbekannter Frauen am 28. März 1929 in einer Meidlinger Gaststätte gesehen hatte. Danach verlor sich bis zu jenem 4. Mai jede Spur von ihm.

Der Mörder (oder die Mörderinnen?) Michael Sacks wurden nie gefaßt, es blieb einer der nie aufgeklärten, ungesühnten Morde in Wien.

# *Valerie Mikulasek 1930*

Der Beruf des Streckengehers bei den Österreichischen Bundesbahnen ist nicht gerade das, was man als eine allzu aufregende Beschäftigung bezeichnen würde. Der Streckengeher wandert täglich die ihm zugewiesenen Bahngeleise ab, achtet ob die Schienenbefestigungen in Ordnung sind und ob keine Veränderungen am Bahndamm auftreten. Wenn man so wie jener Streckengeher, der am 2. Dezember 1930 durch die Finsternis des Zwenbergtunnels bei der Station Penk an der Tauernbahn wandert, unterwegs ist, achtet man auch auf den Tunnelfirst und besonders natürlich auf die Züge, die an einem vorüberbrausen.

Irgendwo in diesem Tunnel bemerkte unser Mann ein braunes Packpapierpaket, gut verschnürt mit Spagat, und pflichtbewußt hob er es auf und trug es zum Tunnelausgang, um sich den Inhalt näher zu besehen. Aber als er die Verpackung löste, stockte ihm der Atem: Der Inhalt des seltsamen Paketes entpuppte sich als der am Hals vom Rumpf abgetrennte Kopf eines blondhaarigen Buben von etwa eineinhalb Jahren. Mit zitternden Knien trug der Streckengeher das Paket und seinen grausigen Inhalt zur nächsten Bahnstation und benachrichtigte die Polizei.

Die war zunächst ratlos, erhielt aber nur dreizehn Stunden später einen ersten weiterführenden Hinweis: Im Semmeringtunnel wurde das nächste Paket gefunden, diesmal mit dem Rumpf des Kindes, und nun war der Polizei klar, daß jemand versucht hatte, sich auf einer Bahnreise durch Österreich ausgerechnet in den Tunnels einer Leiche zu entledigen.

Die nächste Spur war das Verpackungsmaterial, sowohl das Packpapier wie auch die Schnur deuteten auf eine Herkunft der Pakete aus Wien, und das Wiener Sicherheitsbüro begann mit seinen Ermittlungen. Bald hatte man einen Zugschaffner gefunden, dem am nämlichen Tage im Zug nach Wien auch eine „sehr scheue Frau“

aufgefallen war, und man beschloß in den Wiener Zeitungen das Photo einer „Moulage“, einer Gipsabformung des Kinderkopfes, zu veröffentlichen, zugleich forderte man die Bevölkerung auf, plötzlich verschwundene Kinder aus der Nachbarschaft zu melden.

Bereits am 6. Dezember sprach am Bezirkskommissariat Meidling ein Mann vor, der glaubte, in dem Bild ein Kind aus seiner Nachbarschaft zu erkennen, das er seit einigen Tagen nicht mehr gesehen hatte. Man stellte daraufhin sehr diskret Ermittlungen an, fragte weitere Nachbarn nach dem kleinen Anton Mikulasek und erfuhr überall dasselbe: Das lebhafte, liebenswerte Kind war fort, bei Verwandten angeblich, die Mutter lebte aber weiterhin in ihrem kleinen Schrebergartenhaus in der Schrebergartenkolonie „Esparsette“. Und noch etwas erfuhren die Beamten: Die Mutter des Kindes war die Gattin eines Eisenbahners und konnte praktisch durch ganz Österreich umsonst mit der Bahn fahren. Am 8. Dezember glaubten die Beamten nun genug Indizien zu haben und suchten daraufhin Valerie Mikulasek auf, um sie nach dem Aufenthaltsort ihres 14 Monate alten Sohnes zu befragen. Die völlig überraschte Frau versuchte noch kurz zu leugnen, aber konfrontiert mit den Leichenteilen aus den Eisenbahntunnels, brach sie zusammen und gestand: Bereits am 30. November hätte sie mit einer Drahtschlinge ihr Kind erwürgt, zerstückelt, in Pakete verpackt und diese dann auf einer Eisenbahnfahrt quer durch Österreich aus den Fenstern der Züge geworfen.

Als Tatmotiv gab Valerie Mikulasek „wirtschaftliche Not“ an, ein Motiv, das keiner der Geschworenen, die alle in einer wirtschaftlich schweren Zeit lebten, als Milderungsgrund anerkannte. Valerie Mikulasek wurde von einem Wiener Geschworenengericht zu 15 Jahren schweren Kerkers verurteilt.

# Ahmed Zogu I., König von Albanien 1931

Am 20. Februar 1931 gibt es eine großartige Vorstellung in der Wiener Oper, auf dem Programm stehen der „Bajazzo" von Leoncavallo und die „Josephslegende" von Richard Strauss. Der Abend hat noch besonderen Glanz verliehen bekommen durch den Umstand, daß heute auch ein gekröntes Haupt anwesend ist: Der seit dem 1. September 1928 herrschende König von Albanien, Ahmed Zogu I., beehrt die Aufführung durch seine Anwesenheit.

Ahmed Zogu ist ein großer Freund Österreichs und weilt öfters in Wien. Während des Ersten Weltkrieges hatte der 1895 geborene Ahmed auf Seiten der Österreicher gekämpft, und nachdem der Krieg verloren war, wurde er als Oberhaupt der Familie der Zogolli zum wichtigsten Vertreter eines eigenständigen Kurses, der die Unabhängigkeit Albaniens vom neugegründeten Staat Jugoslawien zum Ziel hatte. Er hatte seinem Land in vielen Funktionen gedient, als Innenminister, als Oberkommandierender der nationalen Streitkräfte Albaniens, als Premierminister und als Präsident. Er war ein fähiger Mann und stets bemüht, sein Land aus den europäischen Wirren der Zwischenkriegszeit herauszuhalten. 1924 muß er aber nach einem Attentat auf sein Leben, verbunden mit einem Staatsstreich, fliehen und ausgerechnet bei den verhaßten Jugoslawen Schutz suchen. 1928 steht er jedoch am Höhepunkt seiner Karriere: Er wird zum König der Albaner gekrönt, aber viele Mitglieder seiner eigenen Partei, der Demokraten Albaniens, sehen in seiner Krönung einen Verrat an der Demokratie und sinnen auf Rache.

Am 20. Februar 1931 sollte es soweit sein, aber Ahmed Zogu hat gelernt, Vorsicht walten zu lassen. Er verläßt die Wiener Oper nicht durch den Haupteingang, sondern durch eine kleine Bühnentüre in der Operngasse, aber auch damit haben die Attentäter gerechnet: Vor dem Tor warten schon zwei gutgekleidete Herren auf ihn, und als sie dem König bis auf wenige Meter nahegekommen sind, ziehen sie Pistolen und beginnen ohne Vorwarnung zu feuern. Ahmed Zogu wirft sich geistesgegenwärtig in Deckung, während sein Hofmarschall, Oberst Ekren Libohova, ebenfalls eine Pistole zieht und sofort auf die Attentäter schießt.

Und nun beginnt ein wildes Feuergefecht in der Operngasse, mitten in Wien. Der Hofmarschall wird dabei leicht verletzt, der König bleibt sogar unversehrt, der wahre Leidtragende des Anschlages ist der Adjutant des Königs, Major Wilesh Topolai, der, als er seinem König zu Hilfe kommen will, tödlich getroffen wird. Allerdings haben die Attentäter einen Fehler gemacht: Sie haben zuwenig Munition eingesteckt, und als ihre Magazine leergeschossen sind, bleibt ihnen nichts anderes übrig, als sich der inzwischen herbeigeeilten Wiener Polizei zu ergeben.

Die Attentäter sind Albaner, Offiziere der albanischen Nationalarmee, und heißen Azis Kami und Nok Bjelossi. In Österreich will niemand sich ernsthaft mit ihren politischen Erklärungen und Absichten befassen, man hat genug mit der eigenen Politik zu tun und weist sie nach kurzer Haft nach Jugoslawien aus.

Ahmed Zogu ist nicht lange König der Albaner geblieben. Als am 8. April 1939 die Italiener Albanien überfallen, flieht er zunächst nach Griechenland, dann nach Frankreich und später nach Großbritannien. Ahmed Zogu hofft den ganzen Krieg hindurch, eines Tages als König nach Albanien zurückkehren zu können, aber die Machtergreifung der kommunistischen Volksfront unter Enver Hodscha macht alle seine Pläne zunichte. Einsam und verbittert stirbt der letzte König Albaniens am 9. April 1961 in Paris.

# *Franz Blazej 1932*

Das Zerstückeln von Leichen scheint eine Spezialität der Wiener Mörder gewesen zu sein. Einige Fälle haben wir ja schon kennengelernt wie Johann Schmidt, Valerie Mikulasek oder den Mord am Trafikanten Sack. Deshalb mag sich auch dem Polizeikommissär Dr. Kosmath ein wienerisches „Net scho wieder" entrungen haben, als man ihn am 28. November 1932 an die Donau holte, aus der Fischer mit ihren Netzen vor wenigen Stunden ein in braunes Packpapier geschlagenes Paket gezogen hatten, das einen offensichtlich mit einem Messer vom Rumpf getrennten menschlichen Arm enthielt.

In den nächsten Tagen sollten weitere Pakete dieser Art folgen, ein Teil des Rumpfes, ein Bein und noch ein Arm. Auf den Kopf wartete man vergeblich, aber die berühmten Wiener Gerichtsmediziner konnten ziemlich genau ausrechnen, wann die Person, eine Frau, getötet und der Leichnam ins Wasser geworfen worden war. Ein Vergleich mit der Abgängigenkartei machte es ziemlich wahrscheinlich, daß es die zerstückelte Leiche der 29jährigen Hausgehilfin Hermine Unterstöger war, die da den Donaufischern in die Netze gegangen war.

Hermine Unterstöger hatte einer für sie verhängnisvollen Leidenschaft nachgegeben: über Heiratsannoncen lernte sie gerne Männer kennen, in der Hoffnung, einmal einen reichen Galan zu finden, der sie aus ihrem Dasein als Hausgehilfin erlöste, an die Riviera mitnahm und sie mit Geschenken überhäufte, wie es halt in den Kolportageromanen immer nachzulesen war. Aber ihre Beziehungen hielten nie lange, oder wurden von anderen überlagert. Die Presse beschreibt sie als Frau mit „zahlreichen Männerbekanntschaften", und ein Zeitungsbild zeigt auch, warum die Männer ziemlich verrückt nach ihr gewesen sein dürften: Sie war recht hübsch mit ihren 29 Jahren, dem dunklen, gewellten Bubikopf und einem Körper, der in der

Blüte seiner Fraulichkeit stand. Als sie im Sommer 1932 wieder einmal eine Heiratsannonce in der „Illustrierten Kronenzeitung" aufgab, mochte sie gehofft haben, daß sie diesmal Glück haben und den Richtigen finden würde. Und tatsächlich meldete sich auch einer, ein Malermeister, wie er von sich behauptete, mit eigenem Geschäft, und offensichtlich an der braven – und mit einem kleinen Sparbuch versehenen – Hermine interessiert. In Wirklichkeit war ihr neuer Bekannter nur ein arbeitsloser, als Heiratsschwindler vorbestrafter Malergeselle, hieß Franz Blazej und logierte in einer Schrebergartenhütte in der Bretteldorferstraße Nr. 16.

Nach den ersten auswärtigen Rendezvous, bei denen es um die Zukunft des jungen Paares – und Hermines Sparbuch – gegangen war, glaubte der ungeduldige Franz nicht länger warten zu können: Er lud die Hausgehilfin am 28. Oktober 1932 in seine Schrebergartenhütte ein und erwürgte sie hinterrücks. Danach zog er die Leiche aus und durchsuchte sie gründlich, Sparbuch fand er zu seiner Enttäuschung allerdings keines. Also beschloß er, wenigstens die Kleider seines Opfers zu verwerten, und verkaufte sie um wenige Schillinge an einen Altwarentandler. Wohin aber nun mit der Leiche? Mit einem scharfen Messer zerlegte Franz Blazej Hermine am Küchentisch in sieben Teile, verpackte diese sorgfältig und warf sie des Nachts einzeln in die Donau, in der trügerischen Hoffnung, diese würden nun für immer am Grund des Stromes ruhen.

Bereits am 30. November 1932 jedoch hatte die Polizei den schönen Franz in ihrem Gewahrsam, zu viele Leute hatten sich daran erinnert, daß er einer der letzten Freunde der Hermine Unterstöger gewesen war. Eine gründliche Untersuchung seiner Schrebergartenhütte brachte feinste Blutspuren zutage, und so blieb Franz Blazej nichts anderen übrig, als vor Dr. Kosmath und dem Hofrat Dr. Steinhäusl, die gemeinsam den Fall aufgeklärt hatten, ein umfassendes Geständnis abzulegen. Dieses wurde ihm bei seinem Prozeß im Juni 1933 wenigstens als strafmildernd angesehen, und er entkam dem Henker. Ob er die ihm aufgebrummten 20 Jahre schweren Kerkers in den Wirren der dreißiger und vierziger Jahre wirklich abgesessen hat, ist nicht eruierbar.

# *Josephine Luner 1935*

Für die Bauernfamilien Österreichs war die Zwischenkriegszeit nicht leicht. Man hatte sehr viele Kinder und zuwenig Erlöse aus der Landwirtschaft. So mancher Bauer war daher froh, wenn er eines der hungrigen Münder seiner Kinder weniger zu stopfen hatte. So dachte wohl auch der Vater der erst 14jährigen Anna Augustin, als er hörte, daß „feine Leute", immerhin ein Klavierfabrikant mit einer eigenen großen Villa in der Vorderbrühl bei Mödling, ein Hausmädchen suchten und seine Anna nehmen wollten. Zahlen wollten sie zwar nicht viel, aber das Kind bekam wenigstens freies Essen und ab und zu ein paar Schillinge. Was wollte man mehr in so schweren Zeiten?

Gewiß hätte er es sich überlegt, seine Tochter dem Ehepaar Luner in die Hände zu geben, wenn er gewußt hätte, daß die neue Dienstgeberin Josefine Luner bereits vorbestraft war, und zwar wegen der Mißhandlung eines – Dienstmädchens.

Am 10. Dezember 1934 trat die kleine Anna ihren Dienst an, und sie bemühte sich ihrer Herrschaft zu gefallen so gut es ihre Kräfte erlaubten, aber die „Gnädige" war nie zufrieden. Und bald begann sie die Kleine „unsittlicher Handlungen" zu beschuldigen und ihr Dinge vorzuwerfen, von denen das Dienstmädchen noch nie gehört hatte. Und sie begann, sie zu bestrafen: Zunächst gab es nichts zu essen, dann durfte sie das Haus nicht mehr verlassen, und schließlich schnitt man ihr ihren ganzen Stolz, die schönen, langen Haare, ab. Weitere Beschuldigungen folgten, und diesmal gab es schon Schläge, zuerst mit der Hand, dann mit den Fäusten und endlich mit Kochlöffel und Schürhaken. Die Kräfte der kleinen Anna schwanden zusehends, und als sie eines Tages entkräftet über die Kellertreppe stürzte, ließ man sie unten liegen und übergoß sie mit kaltem Wasser.

Josefine Luner steigerte nun von Tag zu Tag mit wollüstiger Grausamkeit die Torturen ihres Opfers. Mit einem glühenden Schürhaken verbrannte sie dem Mädchen die Geschlechtsteile und die

Zunge, also jene Dinge, mit denen sie angeblich „gesündigt" hatte. Auch seelisch wurde Anna gedemütigt und eingeschüchtert, indem man ihr drohte, dem Pfarrer und den Eltern Mitteilung über ihren „unmoralischen Lebenswandel" zu machen.

Am 9. Juli 1935 erreichten die grausamen Folterungen einen neuen Höhepunkt: Josefine Luner schlug Anna mit allem, was ihr in die Hände kam, Schürhaken, Koksschaufeln und Teppichklopfer waren ihr dazu gerade recht. Als Anna zusammenbrach, sperrte sie das nur mehr mit einem Hemdchen bekleidete Mädchen in einen Felsenkeller und setzte am nächsten Tag ihre Folterungen fort. Am Morgen des 10. Juli starb Anna Augustin, einsam und allein auf einer nackten Holzpritsche im Keller der feudalen Villa des Ehepaares Luner.

Das bekam es aber nun mit der Angst zu tun. Man brachte den geschundenen, leblosen Körper in das Dienstbotenzimmer und legte den Leichnam ins Bett, wobei man mit Stäben die Decke vom Körper abspreizte, um die Verwesung zu beschleunigen und um so die verräterischen Spuren auf der Haut des Mädchens zu verwischen. Man stellte volle Gläser und Teller neben ihr Bett, um den Anschein zu erwecken, daß die kleine Anna es gut im Hause Luner gehabt habe. Erst am 17. Juli 1935 ging Edmund Luner zur Polizei, um den plötzlichen Tod seines Hausmädchens zu melden, aber bereits dem Totenbeschauer war klar, auf welch tragische Weise die Hausgehilfin verstorben war, und am Abend des 18. Juli war die zunächst geflüchtete Sadistin und Lustmörderin Josefine Luner in Haft.

Edmund Luner kam gut davon, er konnte den Geschworenen glaubhaft machen, daß alles das Werk seiner Frau gewesen wäre, er von allem nichts gewußt hätte und nur bei der Vertuschung der Tat beteiligt gewesen wäre. Josefine Luner aber wurde zum Tode verurteilt, eine Strafe, die später in lebenslänglichen Kerker umgewandelt wurde.

Obwohl der Prozeß in der Öffentlichkeit großes Aufsehen erregt hatte und sich die Zeitungen in ihren Warnungen an die Dienstmädchen vor der gefährlichen, großen Stadt überboten, kamen sie weiter vom Land, die Annas und Resis und Walpurgas, schutzlos und einer ungewissen Zukunft ausgeliefert, die für manche durchaus den sozialen Aufstieg brachte, für Anna Augustin aber einen grausamen Tod bedeutet hatte.

# *Moritz Schlick 1936*

Man hat viel über den Mord an dem Wiener Philosophieprofessor Moritz Schlick geschrieben. Man hat die Tat und den Täter unter verschiedensten Aspekten beleuchtet: Vor allem hat man auch ideologische Motive vermutet, und diese dann den jeweiligen Zeitläufen angepaßt, immer nach dem Motto: Wenn ein Schüler seinen Lehrer erschießt, und dieser ist auch noch Philosoph und Vertreter einer zu seiner Zeit suspekten Richtung, so muß mehr hinter der Tat stehen als einfache Eifersucht.

Aber beginnen wir mit den bloßen Fakten. Johann Nelböck war Student der Philosophie an der Wiener Universität und stammte aus armem, bäuerlichem Hause. Sein Studium finanzierte er durch Nachhilfestunden, und er war nicht besonders begabt. Sein Lehrer und Dissertationsvater Moritz Schlick war genau das Gegenteil. Viele hielten ihn zwar wegen seines Vornamens, dem er aber einem seiner Vorfahren, dem deutschen Dichter Ernst Moritz Arndt, verdankte, für einen Juden, er stammte jedoch aus einer deutschen Adelsfamilie, hatte es in jungen Jahren zum Professor an der Wiener Universität gebracht und sah nach den Worten seines Schülers A. J. Ayer aus „... wie ein amerikanischer Senator in einem Vorkriegsfilm."

Nun tritt noch eine dritte Person in das Drama ein, die Studentin Sylvia Borowicka, die beide kennt, Nelböck und Schlick. Zwischen dem Mädchen und dem Professor entwickelt sich eine Art von Freundschaft. Aber während sich die Studentin offensichtlich in ihren Lehrer verliebt und damit für Nelböck unerreichbar bleibt, scheint Schlick ihre Zuneigung ihm gegenüber gar nicht so recht wahrgenommen zu haben, jedenfalls lehnt er sie als Dissertantin ab. Sie wendet sich daher Nelböck zu und stachelt ihn gegen seinen Lehrer auf. Zwar promoviert Nelböck im März 1931 noch bei Schlick, aber zur selben Zeit beginnt er seinen Lehrer auch zu hassen. Sylvia Borowicka erhört Nelböcks Liebe zu ihr keineswegs, sondern redet vielmehr von Rache an Schlick. Im Juni 1935 kommt Schlick zu Ohren, daß die beiden davon gesprochen haben, ihn zu erschießen, und er wendet sich an die Polizei, die Nelböck und Borowicka psychiatrieren läßt. Nelböck wird nach Steinhof, in die große psychiatrische Anstalt Wiens, gebracht, aber schon nach drei Monaten als geheilt entlassen. Ein Jahr später tritt er Schlick neuerlich gegenüber und wirft ihm wieder die Sache mit dem Mädchen vor – diesmal kommt er für neun Tage in die Psychiatrie.

Schlick hat nun Angst vor Nelböck. Er läßt sich in den Hörsaal begleiten, er beauftragt den Pedell der Universität, nach Nelböck Ausschau zu halten, und er erwägt den Kauf einer Pistole. Nelböck ist nervlich und finanziell völlig am Ende. Er hat keine Arbeit, er wagt es nicht, zur Lehramtsprüfung für Philosophie anzutreten, weil er weiß, daß Schlick in der Prüfungskommission sitzt. Und immer noch glaubt er an ein Verhältnis Schlicks mit Sylvia Borowicka. Den Ausschlag gibt dann eine Absage der Volkshochschulen Brigittenau und Ottakring, wo Nelböck einen Vortrag halten sollte, und er der festen Meinung ist, daß hinter dieser Ablehnung seiner Person ebenfalls Moritz Schlick steckt.

Nun ist Nelböck aber nicht der Mensch, der sich selbst eingestehen will, daß er den Professor wegen eines Mädchens oder aufgrund seines persönlichen Versagens haßt. Er sucht ein Motiv in seinem ureigensten Metier, in der Philosophie:

Schlick ist Vertreter der Lehre des „logischen Empirismus" und versucht, die Methoden der exakten Naturwissenschaften und der logischen Analyse auf die Philosophie anzuwenden. Damit kommt er in strikten Gegensatz zum zur Staatsphilosophie gewordenen Klerikalismus, und Nelböck wird später in der Verhandlung sein christlichsoziales Gewissen, das ihn zur Tat getrieben hätte, so darstellen: Schlick habe alles, was über die sinnliche Wahrnehmung hinausgehe, als direkt wider die Vernunft, also als sinnlos bezeichnet, alle religiösen Auffassungen wurden als sinnlos verworfen; dadurch hätte er seine religiöse Überzeugung und überhaupt jeden Halt verloren, Schlick habe nur die Lust als Quelle des Handelns empfohlen. Dies ist genau der Ton, den 1936 auch das christlich-autoritäre Lager anschlägt, und von dieser Seite sieht Nelböck sich darin bestätigt, den Mann, von dem er sagt: „Er hat meine Existenz ruiniert, meine Liebe verdorben, und er hat mich auf das Gemeinste besudelt", zu töten.

Vier Jahre lang schleppt Nelböck den immer größer werdenden Haß auf Schlick mit sich herum, mit jedem persönlichen Versagen, mit jeder persönlichen Niederlage wächst seine Entschlossenheit zur Tat. am 22. Juni 1936 ist es dann soweit: Schlick hat wie jeden Morgen um 9 Uhr die Universität betreten und wendet sich in der Aula nach rechts, um über die „Philosophenstiege" den Hörsaal 41, in dem er eine Vorlesung halten soll, zu erreichen. Da stürmt Nelböck an ihm vorbei, eilt einige Stufen voraus, dreht sich auf dem ersten Stiegenabsatz um und zieht seine Waffe, eine Browning-Pistole. Mit den Worten „Hund, du verfluchter! Da hast du's!" beginnt er auf Schlick zu feuern. Er trifft ihn zweimal ins Herz, einmal in den Rumpf und einmal in den Unterschenkel. Moritz Schlick sinkt zu Boden, man bringt ihn noch in das nahe Dekanat der Philosophischen Fakultät, und dort stirbt der führende Kopf des „Wiener Kreises" auf dem grünbespannten Konferenztisch, den Kopf auf zwei Bücher gestützt. Nelböck läßt sich unterdessen widerstandslos festnehmen.

Im Prozeß vom Jahre 1937 weiß Nelböck, was die Öffentlichkeit von ihm erwartet. Hier ist nicht die Rede von Sylvia Borowicka, sondern nur von der „unnatürlichen" Lehre Schlicks, die ihn zur Tat getrieben hätte. Das „Linzer Volksblatt" vom 10. Juli 1936 hat diese Haltung in seinem Kommentar am besten in Worte gefaßt: *„Vierzehn volle Jahre tranken junge Menschenblüten den Giftfusel des Positivismus als Wasser des Lebens in sich hinein ... Edelporzellan des Volkstums, heimathörige Schollenkinder, edler Wuchs aus dem geistigen Kraftreservoir unseres Bauernstandes, Menschen, entzündlich für das Schöne und Hohe. Schüttet man in diese aufnahmsfähigen Naturen eine Lehre wie den Positivismus, dann hat das eine Wirkung, wie wenn man jemanden Salzsäure oder Schwefelsäure in den Mund schütten würde, seelischer Tod und schweres seelisches Siechtum sind die Folge ... In einer solchen Lage befand sich wohl Nelböck, als er seinen einstigen Lehrer Schlick erschoß ..."*

Der Staatsanwalt sieht es anders und vermutet zu Recht persönliche Rachemotive hinter der Tat Nelböcks und beantragt die Todesstrafe, die Geschworenen aber halten sich an ihr „gesundes Volksempfinden" und verurteilen Nelböck nur zu zehn Jahren Haft. Selbst davon hat er nur zwei Jahre abzusitzen, ein halbes Jahr nach dem

„Anschluß" wird er im Oktober 1938 bedingt entlassen. Er versucht sich nun den Nationalsozialisten anzubiedern und weist darauf hin, daß er durch seine Tat und die hiedurch erfolgte *„Beseitigung eines jüdischen, volksfremde und volksschädliche Lehrsätze verbreitenden Lehrers"* dem Nationalsozialismus einen Dienst erwiesen und wegen dieser Tat auch für den Nationalsozialismus gelitten habe. Um durch die Tat dem Nationalsozialismus keinen Schaden zuzufügen, habe er als Motiv seines Handelns das „rein Persönliche, nämlich Eifersucht und Rache", in den Vordergrund gestellt, und den ideellen Hintergrund nur angedeutet.

Aber selbst der bereits auf den Nationalsozialismus eingeschworenen Oberstaatsanwaltschaft ist dies zuviel der Anbiederung, und sie verweigert ihm die vollständige Wiederherstellung seiner bürgerlichen Rechte, insbesondere die Rückgabe seines Doktortitels mit der Begründung, es gehe nicht an, daß Nelböck sich „... jetzt in einem durch die nachfolgenden Ereignisse geschaffenen Lichte sonnt."

Johann Nelböck stirbt 1954 in Wien, bis an das Ende seines Lebens hat er die weltanschaulichen Differenzen als Grund für den Mord an Moritz Schlick betont. Die wohl wahren Gründe, verschmähte Liebe und berufliche Erfolglosigkeit, hat er vergessen und verdrängt, genauso wie der Großteil der wissenschaftlichen Literatur, die sich mit diesem Fall befaßt hat. Auch Philosophen morden kaum aus philosophischem Fanatismus ...

# Martha Marek 1938

Martha Marek war ein Monster in Menschengestalt. Sie stammte aus einfachen Verhältnissen, ihr Vater war Bahnbeamter gewesen und hatte sich eines Tages nach Amerika aufgemacht und Weib und Kinder in Wien zurückgelassen. Die kleine Martha lernte in ihrer Jugend bald Not und Hunger kennen. Dies änderte sich aber, als die zarte Zwölfjährige in der Straßenbahn den damals 62jährigen Moritz F. kennenlernte, der sich in das Mädchen vernarrte und die nächsten Jahre für sie und ihre Mutter sorgte. Gedankt hat es ihm die Martha später mit einer Erpressung wegen angeblicher Vergewaltigung, was den alten Mann so erschreckte, daß er mit ihr in eine teure Mietvilla nach Mödling bei Wien zog und sie dort mit Aufmerksamkeiten und Schmuck überhäufte. Als Moritz F. im Jahre 1923 starb, hatte er Martha vorsorglich zur Universalerbin eingesetzt, so daß die jetzt 26jährige zum ersten Male in ihrem Leben über beträchtlichen Reichtum verfügte.

Sie tröstete sich schnell über den Verlust ihres Freundes hinweg und heiratete im selben Jahr den 20jährigen Ingenieur Emil Marek. Gemeinsam machte sich das Pärchen zwei lustige und kostspielige Jahre, so kostspielig, daß man sich Anfang 1925 außerstande sah, die Miete für die Villa in Mödling zu bezahlen.

Die gerissene Martha fand einen Ausweg: Am 11. Juni 1925 ließ sie ihren Ehegatten auf 400.000 Schilling gegen Invalidität versichern, und bereits am nächsten Tag erlitt dieser einen grauenhaften Unfall – bei Holzarbeiten rutschte ihm die Axt aus, und er trennte sich den linken Unterschenkel ab.

Die Versicherung witterte natürlich den Betrug und weigerte sich zu zahlen, dies umso mehr, als die Untersuchungen ergaben, daß das Bein nicht mit einem, sondern mit drei Axthieben abgetrennt worden war. Martha Marek aber wußte sich in den Zeitungen als Opfer der gewissenlosen und gewinnsüchtigen Versicherungsgesellschaften darzustellen, so daß man sich schließlich mit 100.000 Schilling verglich.

Die Mareks waren nun wieder reich, 100.000 Schilling waren viel Geld im Jahre 1927, als ein Mittagessen mit Bier 1,40 Schilling und ein Herrenanzug 25 Schilling kostete, aber das Geld hielt nicht lange vor. Emil Marek verstrickte sich in dubiose Spekulationen in Casablanca, Martha Marek erlitt Schiffbruch mit einem Taxiunternehmen, und 1930 war das Geld wieder einmal zu Ende. Mit ihren zwei Kindern, dem 1930 geborenen Alfons und der 1932 geborenen Ingeborg, mußte das Ehepaar Marek in immer einfachere Wohnungen ziehen, und 1932 waren sie auf der untersten Stufe angelangt, in einem Schrebergartenhaus in der Wohnsiedlung „Am Ameisbach".

Martha reichte es, sie hatte genug von ihrem Invaliden Emil, von all dem Kindergeschrei und der Armut, und immer öfter sprach sie aus, daß sie es allein besser hätte.

Ihr Wunsch sollte in Erfüllung gehen: 1932 fing Emil Marek zu kränkeln an, bekam Magenkrämpfe und Lähmungserscheinungen, er magerte stark ab, eine doppelseitige Lungenentzündung kam dazu, und am 30. Juni 1932 war Martha Marek Witwe.

Das nächste Opfer sollte die kleine Ingeborg sein, die bereits wenige Tage nach dem Tode ihres Vaters an denselben Symptomen zu leiden begann und am 2. September 1932 ihren letzten Atemzug tat. Auch Alfons ging es zu dieser Zeit schon sehr schlecht, und erst als er am 11. September 1932 in Spitalsbehandlung gebracht wurde und so seiner Mutter entzogen war, besserte sich sein Zustand langsam.

Martha war inzwischen in einer psychiatrischen Klinik gelandet, und als sie nach einigen Wochen als „geheilt" entlassen wurde, ließ sie das Kind bei ihren Schwiegereltern und versuchte zu arbeiten, eine Tätigkeit, die sie aber nie gelernt hatte, und deshalb verlor sie die Arbeitsplätze fast schneller als sie sie angetreten hatte.

Martha Marek mußte sich also nach einer neuen Verdienstquelle umsehen, und so lebte sie ab 1934 als Pflegerin und Gesellschafterin bei ihrer begüterten Großtante Susanne Löwenstein in der Altgasse in Wien. Sie verstand es, der alten Frau eine Änderung ihres Testamentes abzuringen und sich selbst als Universalerbin einsetzen zu lassen. Wenige Tage später war Susanne Löwenstein tot, gestorben unter denselben Symptomen wie Emil und Ingeborg Marek.

Martha Marek verlor keine Zeit, sie löste den Haushalt auf, verkaufte all die kostbare Habe ihrer Großtante und mietete eine feudale Villa in Wien-Hietzing, Kupelwiesergasse 27. Und sie dachte nun nach, wie sie ihr neues Vermögen weiter vermehren könnte, und da fielen ihr die guten Erfahrungen ein, die sie mit den Versicherungsgesellschaften 1925 gemacht hatte. Sie engagierte eine Gesellschafterin, eine einfache Frau und ehemalige Schneiderin namens Felicitas Kittenberger. Martha Marek versicherte die Frau hinter ihrem Rücken auf eine hohe Ablebenssumme und sah zufrieden zu, wie diese nur 6 Monate, nachdem sie bei ihr eingezogen war, unter Qualen starb, fast überflüssig zu sagen, an denselben Symptomen wie Emil und Ingeborg Marek und Susanne Löwenstein.

Die medizinische Obduktion ergab wie immer nichts, und wahrscheinlich hätte Martha Marek noch weitere Gesellschafterinnen verbraucht, hätte nicht der Sohn von Felicitas Kittenberger begonnen, sich für das plötzliche Ableben seiner Mutter zu interessieren. Er hatte durch die Versicherungsgesellschaft erfahren, daß seine Mutter eine Lebensversicherung zugunsten von Martha Marek abgeschlossen hatte, und das kam ihm nicht ganz geheuer vor. Er setzte daraufhin bei der Polizei durch, daß seine Mutter exhumiert und ihr Leichnam diesmal auch chemisch untersucht wurde. Als der Bericht der Gerichtsmediziner vorlag, stockte den Beamten der Atem. Die Leiche wies große Mengen des Rattengiftes „Zeliopaste" auf, dessen wirksamster Bestandteil das Metallgift „Thallium" war. Man erinnerte sich nun an die vielen seltsamen Sterbefälle im Umkreis von Martha Marek und begann all die Toten zu exhumieren, und bei allen, bei Emil und bei Ingeborg Marek und Susanne Löwenstein, fanden sich selbst nach Jahren deutliche Spuren einer massiven Thalliumvergiftung.

Als Martha Marek im April 1938 verurteilt wurde, lautete das Urteil auf den Tod durch den Strang. Doch als es im Dezember 1938 vollstreckt werden sollte, hatten Österreichs neue Herren eine neue Art der gesetzlich sanktionierten Tötung mitgebracht: das Fallbeil. Martha Marek ist tapfer und mit Haltung gestorben. Es war dies nach den Worten des Wiener Staatsanwaltes Alois Wotawa, der bei ihrer Hinrichtung anwesend war, „... das einzige, was zu ihren Gunsten gesagt werden konnte."

# Literaturverzeichnis

Ludwig Altmann, Der Raubmörder Severin von Jaroszynski. Wien 1924.
Viktor von Andrian-Werburg, Österreich im Jahre 1843. Hamburg 1843.
Friedrich Christian Benedict Avé-Lallemant, Das deutsche Gaunertum in seiner sozialpolitischen, literarischen und linguistischen Ausbildung zu seinem heutigen Bestande. 4 Bde. Leipzig 1858–1862.
Adolf Bäuerle, Therese Krones. Roman aus Wiens jüngster Vergangenheit. Wien 1855.
Robert Bartsch, Johann Georg Grasel und seine Kameraden. Wien 1924.
Victor Bibl, Die Wiener Polizei. Eine kulturhistorische Studie. Leipzig 1926.
Emil Karl Blümml und Gustav Gugitz, Altwienerisches. Bilder und Gestalten. Wien 1921.
Criminal-Prozeß Zahlheimb. Josephinische cause celebre 1786. Wien 1870.
R. Federmann und B. A. Egger, Raubersgschichten. Wien 1962.
Rudolph von Felsenthal, Der Banknotenfälscher Peter von B. Wien 1853.
K. Frischler und P. Zehrer, Kriminalwalzer, 120 Jahre Wiener Sicherheitsbüro. Wien 1979.
Rudolph Alois Fröhlich: Die gefährlichen Klassen Wiens. Darstellung ihres Entstehens, ihrer Verbindungen, ihrer Taktik, ihrer Sitten und Gewohnheiten und ihrer Sprache. Mit belehrenden Winken über Gaunerkniffe und einem Wörterbuche der Gaunersprache. Wien 1851.
Franz Graeffer, Wiener Dosenstücke. Neue billige Ausgabe. Wien 1867 (Erstausgabe 1846).
Richard Groner, Wien wie es war. Ein Nachschlagewerk für Freunde des alten und neuen Wien. Vollständig neu bearbeitet und erweitert von Felix Czeike. Wien 1966.
Hans Gross, Gesammelte kriminalistische Aufsätze. Leipzig 1902.
Gustav Gugitz, Bibliographie zur Geschichte und Stadtkunde von Wien. 5 Bde. Wien 1947–1962.
Gustav Gugitz, Lieder der Straße. Bänkelsänger im josephinischen Wien. Wien 1954.
Heinrich Gwinner und Gustav Radbruch, Geschichte des Verbrechens, Versuch einer historischen Kriminologie. Stuttgart 1951 (Neuausgabe 1990).
Friedrich Hartl, Das Wiener Kriminalgericht. Strafrechtspflege vom Zeitalter der Aufklärung bis zur österreichischen Revolution. Wien 1973.
H. Herbatschek, Ein Indizienprozeß. Wien 1913.
Rudolf Hruschka, Der Räuber Grasel in Böhmen und Mähren. Budweis o. J.
200 Jahre Rechtsleben in Wien. Katalog zur 96. Sonderausstellung des Historischen Museums der Stadt Wien. Wien 1986.
W. Kranister, Die Geldmacher. Wien 1987.
Carsten Küther, Räuber und Gauner in Deutschland. Das organisierte Bandenwesen im 18. und frühen 19. Jahrhundert. Göttingen 1976.
Reinhard Moos, Der Verbrechensbegriff in Österreich im 18. und 19. Jahrhundert. Sinn- und Strukturwandel. Bonn 1968.
Niederösterreichisches Landesmuseum. Führer durch die Abteilung Strafrechtspflege 16.–19. Jahrhundert.
Hermann Oberhummer, Die Wiener Polizei. 200 Jahre Sicherheit in Österreich. 3 Bde. Wien 1937.

P. Obermayer, Der Wiener Hexenprozeß des Jahres 1583 (ungedr. Phil. Diss.) Wien 1963.

W. Olscher, Lebenslänglich. Wien 1972.

Josef Pfundheller, Die schwarze Bibliothek. Eine Sammlung interessanter Kriminalfälle mit Benützung authentischer Quellen. 5 Bde. Wien 1861–1862. Neue Folge: 5 Bde. Wien 1862.

Arno Pilgram, Kriminalität in Österreich. Studien zur Soziologie der Kriminalitätsentwicklung. Wien 1980.

Reinhard Pohanka, Hinter den Mauern der Stadt. Eine Reise ins mittelalterliche Wien. Wien 1987.

K. Pressburger, Zeitgeschichtliche Kriminalprozesse. Wien 1937.

Leopold Qualtinger, K. u. K. Krimis. Berühmte Kriminalfälle aus dem alten Österreich. Wien 1980.

Friedrich Reischl, Wien zur Biedermeierzeit. Volksleben in Wiens Vorstädten nach zeitgenössischen Schilderungen. Wien 1921.

Severin von Schmitz, Wiens Schandsäulen. Wien 1848.

H. Seyrl, Kriminalpolizeiliches Museum der Bundespolizeidirektion Wien. Wien 1984.

Leopold Spira (Hrsg.), Attentate, die Österreich erschütterten. Wien 1981.

Ubald Tartaruga (= Edmund Otto Ehrenfreund), Der Wiener Pitaval. Eine Sammlung der interessantesten Kriminalfälle aus Alt- und Neu-Wien. Wien 1924.

Franz Unger, Im Zeichen der Grausamkeit. Skizzen zur Geschichte der Leibes- und Lebensstrafen im alten Wien mit besonderer Berücksichtigung der verschiedenen Hinrichtungsarten. Wien 1903.

Erwin Weill, Berühmte Räuber nach authentischen Quellen. Wien 1928.

Siegfried Weyr, Wien – Eine Stadt erzählt. Wien 1984.

Siegfried Weyr, Wiener Leut, Wiener Leid. Bei Hof und auf der Gassen. Wien 1973.

A. Wotawa, ... und wird hiefür zum Tode ... Wien 1941.

Ernst Viktor Zenker, Die Wiener Revolution 1848 in ihren sozialen Voraussetzungen und Beziehungen. Wien 1897.


# *Abbildungsnachweis*

Mein besonderer Dank gilt Herrn Erich Müllner vom Kriminalpolizeilichen Museum der Bundespolizeidirektion Wien, der mich mit Rat und Hilfe bei der Auffindung des Fotomaterials unterstützte.

Aus dem Kriminalpolizeilichen Museum stammen folgende Abbildungen: 31, 32, 33, 34, 35, 42, 43, 47, 48, 49, 52, 53.

Weiters stellten zur Verfügung:
Wiener Stadt- und Landesbibliothek: 9
Stadtmuseum Wiener Neustadt: 8
Bildarchiv der Österr. Nationalbibliothek: 10, 13, 21, 22, 36, 38, 45, 46, 50, 53
Institut für Zeitgeschichte: 54, 55, 56
Alle anderen Abbildungen stammen aus dem Historischen Museum der Stadt Wien bzw. aus dem Privatarchiv des Autors (6, 11).